本教材受中国政法大学教务处"法哲学与法理论口袋书系列"项目（1011／0111006402）及中国政法大学法学院双一流学科建设资金资助，特此鸣谢！

"法哲学与法理论口袋书系列"教材

雷 磊 ‖ 主编

法理学简读

[英]彼得·霍尔斯特德 /著
（*Peter Halstead*）

———— 孙海波◎译 ————

Key Facts: Jurisprudence

（原书第二版）

中国政法大学出版社

2023·北京

法理学简读

Key Facts：Jurisprudence，2nd Edition
by Peter Halstead ／ ISBN：9781444138283

北京市版权局著作权合同登记号：图字 01-2021-1867 号

总　序

　　"法理学"（Jurisprudenz，jurisprudence）
之名总是会令初学者望而生畏。因为无论
是作为法的一般哲学理论的"法哲学"
（Rechtsphilosophie，legal philosophy），抑或
是作为法的一般法学理论的"法理论"
（Rechtstheorie，legal theory），虽从地位上
看属于法学的基础学科分支，但却往往需
要有相当之具体专业知识的积累。在西方
法律院校，通常只在高年级开设法哲学和/
或法理论课程，法理学家一般情况下也兼
为某一部门法领域的专家。有关法的一般
性理论研究的专著往往体系宏大、旁征博
引，同时也文辞冗赘、晦涩艰深。这些论

著大多以具备相关专业知识之法学专业人士为假定受众，非有经年之功无法得窥其门径与奥妙。

中国的法学教育模式与西方有所不同。由于历史和现实的原因，法理学被列为法学专业必修课程的第一门，在大学一年级第一学期开设。统编教材罗列法学基本概念和基本原理，只见概念不见问题、只见枯死的材料不见鲜活的意义，往往使得尚未接触任何部门法知识的新生望而却步，乃至望而生厌。尽管有的法律院校（比如中国政法大学）同时在三年级开设了相关课程，且内容以讲授西方前沿理论为主，却又使得许多学生"不明觉厉"、畏葸不前。除去授课的因素之外，其中很大的一个原因在于，虽然目前我国学术市场已有为数不少以法哲学和法理论为主题的专著和译著，其中也有不少属于开宗立派之作或某一传统中的扛鼎之作，但却缺乏适合本科生群体的微言大义式、通览或概述式的参考读物。

有鉴于此，"法哲学与法理论口袋书系列"教材以法学初学者（主要为法学本科生，也包括其他对法理学感兴趣者）为受众，以推广法哲学和法理论的基本问题意识、理论进路和学术脉络为目标，拟从当代西方法哲学与法理论论著中选取篇幅简短的系列小书，裨使法理学更好地担当起"启蒙"和"反思"的双重功能。它的目标，在于让学生更易接近法理学的"原貌"，更能知悉法理学的"美好"，更加明了法理学的"意义"。为了便于读者掌握各本小书的思路、内容与结构，我们在每本小书的前面都加上了由译者所撰的"导读"。

德国哲人雅斯贝尔斯（Jaspers）尝言，哲学并不是给予，它只能唤醒。这套小书的主旨也并不在于灌输抽象教条、传授定见真理，而是希望在前人既有思考的基础上唤醒读者自身的问题意识、促发进一步的反省和共思。

雷 磊

2019 年 3 月 20 日

序　言

　　这本小册子的目的是给每个主题提供一个清晰的观点。这对于接触新主题的学生而言很有用，对于他们的学习能提供很宝贵的帮助。在大多数章节的开头，都以图表形式将该章所涵盖的要点加以概述，然后将这些要点提纲挈领、一一列出，让读者读起来更轻松容易一些。传统的重要法学科目提供了支撑性的实例，但学生们可能会很高兴地了解到，这只能偶尔适用于法律理论。

　　这本小册子涵盖的主题，从古希腊、古罗马和基督教的思想到启蒙运动和改革时代的哲学家，再到当代，追溯了自然法理论的发展及当下的人权起源，探讨了法律实证主义的兴起，以及当下横跨该领域的多种替代性和互补性的方法论和信条。

　　由于涉及的材料种类繁多，本书紧凑的结构和相互对照的格式，加上实践中法理学的讲授层次高低各不相同，因此本书对所有初次接触这一主题的学生来说都是非常有用的。

彼得·霍尔斯特德

目 录

CONTENTS

《法理学简读》 导读

孙海波

一

初入法学之门的学生，往往容易被"法理学""法哲学"和"法律理论"这几个概念所困惑。事实上，在中文语境中，学者们对这几个概念的使用也较为混乱。按照现有的学术考证，"法理学"一词最早是由日本学者穗积陈重提出的，后被译介到中国。受制于特定的历史和社会环境，作为学科意义的法理学经历了从"法与国家的一般理论"到"一般法理论"再到"法理学"的流变过程。相对于部门法而言，法理学一般被定位为基础性学科。

总的来说，所谓"法理学"大体上是指对法律现象进行最基本、最一般和最理论化的分析。它所运用的视角与实务者往往也相差甚远，比如实务者更关注事实和法律文本，而法理学者更关注本体和价值层面的东西；实务者更多地思考"法律事实上是什么"（what is law），而法理学者更关心

"法律应该是什么"（what law ought to be）。

在英文中，法理学对应的词是"jurisprudence"，由"juris"（法律）和"prudential"（智慧、系统之知识）复合而成，直观地来感受法理学的话，它就是指有关法律的系统性理论或知识。但是，请注意，"jurisprudence"有两种译法，第一种是"法学"，大致等同于"science of law"或"legal science"；第二种可以翻译为"法理学"。我们经常会发现在法理学这个提法之外，人们还经常使用"法哲学"这个称谓，什么是法哲学？法理学与法哲学又是一种怎样的关系呢？

"法哲学"（philosophy of law）或"法律哲学"（legal philosophy），是指以哲学化的方式来思考法律问题，或者说是将哲学的知识或方法运用至法律问题的思考上。在这个意义上，法哲学有更高的品格定位。法理学与法哲学有两种关系，在第一种意义上二者同义，法理学就是法哲学，法哲学就是法理学，这一点在英美表现得很明显，法理学（尤其是一般法理学）通常就是法哲学；在第二种意义上，法理学的外延更广一些，它不仅包括法哲学，而且还包括法哲学之外的其他研究进路，比如由此形成的社会法学、比较法学等基础性理论学科。

至于法理论，也可以在两个层面上使用，有时候等同于法理学或法哲学，比如在英美法理学中，法理论一般指的就是法理学或哲学；而在更多时候，法理论的外延要更广一些，是一切研究法律问题的相关理论的总称，包括一般法理论（法理学、法哲学）和部门法理论。

摆在读者面前的这本《法理学简读》，英文标题使用的是"Jurisprudence"，但从讨论的内容来看，主要是围绕西方法律思想史中的一些核心议题，沿着法哲学的向度所展开的。相较于法理学而言，法哲学的讨论要更为哲理化，关注的议题也更加根本，所使用的话语也更为艰深晦涩一些。无论是从事法哲学的研究，还是阅读法哲学相关的作品，通常需要一定的门槛。

许多法学院在低年级就开设法理学或法哲学课程，然而无论是讲授者还是聆听者都会发现这个过程很吃力。在学生眼中，这门课是无聊、抽象、乏味、艰深晦涩的，过了许多年之后再回忆时或许头脑中只剩下一堆干瘪的概念。同样地，讲授者始终苦恼于选择何种语言或表达来向学生们传达知识，至于双方之间的交流就是更加困难的一件事情了。

瓦克斯（Raymond Wacks）教授在其《读懂法理学》(*Understanding Jurisprudence*) 一书的开篇，就一针见血地指出了这种现实的困惑和无奈：

> 法理学令人头痛，很多同学都有同感。如果有选择的余地，他们根本不愿意学习这门课程。而且即便告诉他们，若是有一天回首往事，他们定会承认接触法律理论的好处，也都无济于事。与大多数"重要的"法律课程不同，这个学科需要去思考、去阅读丰富的文献。这些文献往往都是索然无味甚至无法理解的著作，从表面上看他们甚至与"法律"毫无关联，而且通常以对哲学、社会学、经济学甚至人类学的理

解为基础。你渴望的是一部制定法带来的安心，或者一份法院判决所产生的单纯快乐，而在法理学这里，几乎没有任何保障可言。你会发现自己突然陷入了宏大理论的危险深渊，那是认识论、目的论和形而上学栖居的世界，而且，与你的理解交相辉映的其实只是小伙伴们伴装理解的现实！[1]

产生这种尴尬处境的重要原因之一，在于法哲学的体系性不够强，在其内部也长期学派林立、纷争不止。教师在授课时会很纠结究竟应该选择何种教材，尤其在面对新生或低年级的学生时，想让所选授课材料既不失深度又不失简洁，就会变得更加困难。笔者在教学过程中，一直想寻找一本入门的法哲学教材。初读彼得·霍尔斯特德教授的这本《法理学简读》时，就颇为惊喜，在反复斟酌之后决定将其译介过来。这本书的一个鲜明特点是，涵盖的主题较为全面，每一章开篇以图表的形式勾勒出主要内容，同时正文以"outline"或"summary"的形式罗列本主题下的具体思想和观点。所以，无论从形式还是从内容上来看，它都更像是一本讲义。初学者或对此感兴趣的读者能够通过简单明了的方式迅速领悟法哲学的核心要义。

法哲学这种抽象而晦涩的研究有用吗？对此引发了很多热议，形成了有用论和无用论两种基本立场。无用论的支持者，主要是法律实务工作者（practical lawyers）和部

----

〔1〕〔英〕雷蒙德·瓦克斯：《读懂法理学》，杨天江译，广西师范大学出版社 2016 年版，第 2 页。

门法研究者，其论点无非是：法哲学的语言晦涩、法哲学讨论的话题脱离实践、法哲学生产的理论难以指导和应用于实践。德国学者马蒂亚斯·耶施泰特（Matthias Jestaedt）认为反理论者并非仅仅来自一个阵营，而是"多声部的合奏"，具体存在八种反对法理论的声音，分别是：实用主义者、现实主义者、理论虚无主义者、理论逃逸者、无政府主义者、启蒙者、美学家、拒绝反思者。[2]除了外部的反对声音外，法哲学的无用性也部分地源自其自身的弱体系性和不统一性。但是，什么是一种好理论的标准，有时候不能单纯地以有用或无用来衡量。

对于许多学生而言，这个问题似乎有一个很简单的答案：法理学是不得不完成的一门必修课。对于持这种态度的学生，他们关心的是顺利通过考试，如果可能的话争取较好的分数。不过，即便是这些学生也或许想知道，他们碰巧能从选择的这门课中获得什么知识或好处。如果非得说出个一二三来，法哲学至少在以下这样几个层面上能够让学生们变得更好：其一，在实践层面，参与法理学的讨论培养了批判地、创造性地分析和思考法律的能力；其二，即便在哲学对于考试和实践没有直接意义的地方，它也有许多间接的好处，比如会让一个人的思考变得尖锐和富有逻辑；其三，在职业层面上，法哲学也能为律师和法官提供一些抽象的概念和分析问题的方法，尤其在面对疑难案件时更是如此，因为在这种情形下往往要对法概念的深层

---

〔2〕 参见［德］马蒂亚斯·耶施泰特：《法理论有什么用?》，雷磊译，中国政法大学出版社2017年版，第39~51页。

性质作出抽象反思；最后，对有些人而言，不管法理学有什么其他的用处和好处，它本身便是有趣的。[3]总有一些人认为学习法理学本身是有趣的、有价值的，即使它并不能带来更大的财富、更多的自我认识或更大的社会进步。

除此之外，还有不少法理学者辩护了法理论或法哲学的积极价值。比如，威廉·特维宁（William Twinning）教授指出法理论所可能具有的五个方面的功能：①管道传输功能（conduit function），能够吸收、消化和传输相邻学科的知识、方法；②拔高理论的功能（high theory），以抽象的、哲理化的方式讨论法律之性质、法律体系的概念、法律与道德之关系、法律与其他社会控制方式之关系等问题；③对一些可行理论或法律活动参加者的实践观念进行研究、批评和改进的功能；④形成一些关于法律问题或现象的中阶理论（theory of middle order），并提出一些能够引导在各领域中进行研究和探索的假设；⑤合成功能（synthesizing function），去描述法律的整体架构，或绘制法律的整体图像。[4]

抽象理论研究本身是有内在价值的，无论是否会带来直接或间接的好处，它都是一项值得坚持和投身的事业。

---

〔3〕 关于法理学是不是有趣的，在迪克森和恩诺克两位学者之间有过一场本身很有趣的争论，具体讨论参见 David Enoch, "Is General Jurisprudence Interesting?" (May 1, 2015), available at SSRN: https://ssrn. com/abstract = 2601537; Julie Dickson, "Why General Jurisprudence Is Interesting" (February 11, 2017), *Oxford Legal Studies Research Paper* No. 17/2017, available at SSRN: https://ssrn. com/abstract=2921820.

〔4〕 See William Twining, "Some Jobs for Jurisprudence", *British Journal of Law and Society*, Vol. 1, No. 2 (Winter, 1974), pp. 149–174.

确实，理论研究总是会面临一些局限，如瓦克斯所担忧的那样：

> 我们的这个世界并不太平，甚至很多地方充满了苦难。饥饿、环境退化、疾病、森林滥伐、自然灾害和战争几乎成了第三世界的地方病。面对诸多令人痛苦的不幸和灾难，学术讨论往往隔靴搔痒，甚至更糟糕。诺姆·乔姆斯基（Noam Chomsky）说道：置身于论证与反驳的竞技场，处理着技术可行性与策略，把玩着脚注与引证，只接受某些议题论辩的正当性，有些人已经失掉了人道。[5]

尽管如此，但他并未因此对（法）理论丧失信心，继而说道：

> 诺姆·乔姆斯基所说的或许是对的，他指出了理论的缺陷与局限。但是，我们从内心希望他是错的，我们希望道德情操和理论论证能够真正地兼容。但是在罪恶面前，当我们思考法律的恰当本质和功能时，太容易堕入脆弱的简化和浮华的文饰了。在动荡的年代，当煽动者大声喧嚣之际，太需要明断的分析了。因此，对法律、正义和法律概念之内涵的最根本问题进行严谨的法理思考尤为必要。法律理论发挥着极为

---

〔5〕〔英〕雷蒙德·瓦克斯：《读懂法理学》，杨天江译，广西师范大学出版社2016年版，第15页。

重要的作用，它定义、捍卫着那些巩固我们社会的价值。[6]

在法律实践中我们可能感觉不需要法理论，但它却一直在潜移默化地发挥作用，只是有时候我们意识不到它的存在罢了。一如上文所言，在疑难案件中法理论可能就要出场了。一旦用到法理论，那么它所带来的影响是无比之大的。考夫曼（Kaufmann）曾经说过，不必要求每个法官都能成为优秀的法哲学家，但他们至少要有一定的法哲学品位，借此来扩大自己的"难题意识"。[7]而德沃金（Dworkin）更是提出了一种"理论内置型"的司法裁判理论，主张法律实践是理论内置型的实践，法官的裁判过程都是有理论支撑的，因为实践本身就是带有理论旨趣的。[8]值得一提的是，霍姆斯（Holmes）也曾坚定地捍卫法理论的重要地位：

> 我们关于法律的理论不是太多，而是太少……理论是法律原则中最重要的部分，就像建筑师是房屋建造过程中最重要的人一样。不用担心他们不切实际，因为对于有能力的人而言，它仅仅意味着对问题的刨

---

〔6〕［英］雷蒙德·瓦克斯：《读懂法理学》，杨天江译，广西师范大学出版社2016年版，第15页。

〔7〕［德］阿图尔·考夫曼：《法律哲学》，刘幸义等译，法律出版社2004年版，第1页。

〔8〕 See Ronald Dworkin, "In Praise of Theory", *Arizona State Law Journal*, Vol. 29, No. 2 (Summer, 1974), pp. 353-376.

根问底。对于没有能力的人而言，有时正像人们所说的那样，对于普遍性理念的兴趣意味着对具体知识的缺乏。我记得我服兵役时读到过一个年轻人的故事，他的考试成绩最低，当被问到一个关于中队训练的问题时，他回答说自己从来没有考虑过一万人以下的操练问题。但必须允许软弱和愚蠢的人去做荒唐的事情。真正的危险在于那些有能力的实践者对于那些和他们的事业相距甚远的理念表现得漠不关心或者毫不信任。〔9〕

在法律实践中，如果掌握裁判权力的法官，尤其是手中握有生杀予夺大权的刑事法官或检察官，能够秉着公正和良心对争议问题刨根问底，那么无疑会给当事人带来更大的善。从人类历史的经验中，我们看到在危难关头，恰恰是法理论发挥了力挽狂澜之作用。不妨回想一下，二战后对纳粹战犯的审判，面对战犯以实证法之命令来狡辩时，国际法院的法官站在自然法理论的立场上，〔10〕成功地驳斥了纳粹战犯的辩解，以古老的自然正义原则将它们永远牢牢地钉在耻辱柱上。

---

〔9〕 〔美〕小奥利弗·温德尔·霍姆斯：《霍姆斯读本：论文与公共演讲选集》，刘思达译，上海三联书店 2009 年版，第 39 页、第 41～42 页。

〔10〕 关于自然法理论在世俗法院中的运用，参见 R. H. Helmholz, *Natural Law in Court: A History of Legal Theory in Practice*, Harvard University Press, 2015.

二

彼得·霍尔斯特德长期担任英国格鲁斯特大学法律与人权中心高级研究员，在法哲学和人权理论方面颇有造诣。他有三十多年的法律教学经验，并且是一名十分出色的律师，在私人律师事务所和政府部门中都有过执业经验。在教学过程中所撰写的两本教科书很受欢迎，一本就是读者眼前的《法理学简读》，另一本是《人权法简论》（Key Cases：Human Rights），这两本都是由著名学术出版社劳特利奇推出的简明读本系列，这一套丛书主要是入门性的，为读者提供一个基础性的阅读指南。

法理学从构成上来看，主要包括法概念论、法伦理学与裁判理论（法律方法论）三部分内容。法概念论处理的是法律的性质问题，在法理论中这是一个核心性或根本性的问题。法伦理学追问的是什么样的法是好法，何种做法在法律上是可取的，何种行为应该是加以禁止的等。裁判理论则涉及法律在具体个案中的适用，即法官如何在规范的拘束下为个案寻求正义的裁判。

从《法理学简读》一书十二章所涉猎的主题来看，可以将它们分别安置在法概念论、法伦理学和裁判理论三个范畴之中。

第二章（自然法）、第三章（经验主义、理性主义和启蒙运动）、第四章（早期法律实证主义）、第五章（当代法律实证主义）、第七章（历史法学派）、第八章（社会法学与马克思主义），主要涉及法概念的问题。这些不同学派之间有时是彼此竞争的，它们对"法律是什么"这个问题提供了各种不同的答案。

第六章（功利主义）与法概念论或裁判理论都有所关联。比如，边沁（Bentham）的功利主义理论影响了奥斯丁（Austin），对早期法实证主义的形成产生了一定的意义；而功利主义讲究效用、最大福利、关注最佳后果，这与实用主义的司法裁判观有不谋而合之处。但是，以上这两种关联都是相对较弱的。在三分法的法理学框架中，最合适的位置莫过于法伦理学，它涉及对法这种规范所持有的价值或态度。

第九章（形式主义、现实主义与实用主义）、第十一章（批判法学研究）尽管在法概念论上也有所涉及，但主要处理的并不是法概念论问题，故最好应将它们看作是一种司法裁判理论。现实主义与实用主义是在批判形式主义的基础上而产生的，批判法学研究是法律现实主义的后裔。在弄清楚这个逻辑脉络之后，我们就能更清晰把握它们的基本思想观点和内在的体系关联。

值得注意的是，本书用了专章介绍德沃金的理论，德沃金在法哲学史上的重要地位可见一斑。总体来看，德沃金的理论中既有法概念论的内容，也有裁判理论的内容。在其早期理论中，对法概念的讨论较多，尤其是他持续不断地挑战法实证主义关于法律之性质的理论。在德沃金后期的理论中，他建构了一套整全法的裁判理论，这主要是围绕疑难案件的裁判而发展出来的。除此之外，德沃金在法伦理学方面也有过很多探讨，集中体现在《生命的自主权》(*Life's Dominion*) 和《刺猬的正义》 (*Justice for Hedge-hogs*) 这两本著作中。[11] 在其中，对什么是一种好生活，人们如何能够过上一种值得过的生活，德沃金都从价值论的角度给出了专门的回应。

法概念所追问的是"法律是什么"，这一直是法理学或法哲学的最核心议题，以至于可以称之为法哲学中的"永恒之问"。数千年来，人们尝试给这个问题提供过无数种不同的定义，但至今依然未能达成共识。一如哈特 (H. L. A. Hart) 所指出的那样：

> 关于人类社会的问题，极少像"什么是法律？"这个问题一样，持续不断地被问着，同时也由严肃的思想家以多元的、奇怪的，甚至是以似是而非的方式提出解答。即使我们将焦点限缩在最近一百五十年的法理论，而忽略掉古典的与中世纪的关于法律"本质"的思辨，我们将发现一个任何其他独立学术专业、系统性研究的科目所无法比拟的情况。与"什么是法律？"这个问题不同的是并没有大量的文献致力于回答"什么是化学？"或"什么是医学？"这样的问题。在这些科学领域中，一本初级教学书前几页的几行字，往往就能指出这些科学的学习者对这些问题所有应该要思虑的东西；而在这些科学领域的教科书中，

---

〔11〕 参见 [美] 罗纳德·M. 德沃金：《生命的自主权》，郭贞伶、陈雅汝译，中国政法大学出版社 2013 年版；[美] 罗纳德·德沃金：《刺猬的正义》，周望、徐宗立译，中国政法大学出版社 2016 年版。

类似的问题被给予的答案与提供给法律之学习者的回答是相当不同的。[12]

自然法与法实证主义为"法律是什么"提供了截然对立的观点，前者主张对法概念的界定离不开对于法律应当是什么的理解，而后者坚持它们在概念上是可以分离的。自然法，因其信奉一种更高的自然秩序（自然之性质、神谕、人的理性等）而得名，自古希腊斯多葛学派起，一直延续至今，随着"自然"内涵的变化，自然法理论命运多舛，几经衰落又复兴。在本书的第二章就论及了早期的自然主义、罗马时代的法学家、中世纪的神学自然法、欧陆的理性主义者、德国的康德（Kant）和拉德布鲁赫（Radbruch），以及世俗化自然法的代表富勒（Fuller）和菲尼斯（Finnis）。其中每一个阶段的自然法思想都值得深入介绍，囿于篇幅，这里点到为止、不再展开论述。

古希腊时期，也是最早期的自然法，是一种朴素的自然法，这里的"自然"所指向的其实是"事物的本质"。到了中世纪经院神学自然法那里，法之性质走向了"神谕"，这一阶段自然法思想的主要代表是奥古斯丁（Augustine）和阿奎那（Aquinas）。17、18世纪，以理性主义为代表的论者以"人的理性"为自然法注入了新的活力，人们将这一阶段的理论称为"古典自然法"。自此之后很长一段时期，自然法走向了没落，直至二战以后，以纳粹战

---

[12] ［英］H. L. A. 哈特：《法律的概念》，许家馨、李冠宜译，法律出版社2006年版，第1页。

犯的审判为契机，自然法重新被激活。不过，在这之后，拉德布鲁赫、马里旦（Maritain）、罗尔斯（Ralws）、富勒、菲尼斯等人的理论，更多地开始关注世俗社会中个人的权利。

人们时常不假思索地给自然法贴上"恶法非法"的标签，其实不然。早期的相对粗糙的自然法理论，可能会秉持这种判断，但后来经过发展了的理论并不认为恶法必然非法，而安定性才是法之存在的首要美德。也就是说，即使法律存在一定缺陷（deficiency law）但并不必然导致其自身无效，只有这种缺陷比较严重，甚至带来极端的不正义，而不为正常理性人所容忍时，恶法才不再担当得起法律之称号。拉德布鲁赫公式对这一观点有十分清晰的阐述。[13] 故而，不宜再以"恶法亦法"与"恶法非法"来武断地区分自然法与法实证主义。

三

本书用了两章篇幅来处理法律实证主义，可见这一理论的重要地位。自奥斯丁以降，实证主义在与自然法的争辩中，一直引领着法理论的主流思想。早期的法实证主义，作者讨论了边沁、奥斯丁和凯尔森（Kelsen）。

人们相对更熟悉边沁的功利主义思想，毕竟避苦求乐是人之本性使然，立法和社会制度的设计自然也要尽可能

---

〔13〕 See Gustav Radbruch, "Statutory Lawlessness and Supra-Statutory Law (1946)", translated by Bonnie Litschewski Paulson and Stanley L. Paulson, *Oxford Journal of Legal Studies*, Vol. 26, No. 1 (Spring, 2006), pp. 1-11.

实现最大多数人的最大幸福。边沁的主权理论对后世法实证主义的形成和发展起到了重要作用。事实上，边沁本人有一本专门讨论主权与法律的著作《论一般法律》（*Of Laws in General*），今天来看，这本书应为法实证主义的奠基之作。该书基本完成于1782年，边沁生前未将该书付梓，使其长期淹没在大量的手稿之中，直至150年后被查尔斯·埃弗雷特（Charles Everett）发现并出版。其中，1945年美国哥伦比亚大学出版社出版的是由埃弗雷特编辑的版本，1970年伦敦大学阿斯隆出版的是由哈特教授编辑的版本。在该书第一章中，边沁就展示了一个"非常实证主义"的法概念：

> 由一个国家内的主权者（sovereign）所创制的，或者所采纳的、用以宣示其意志（volition）的符号（signs）的集合，该等符号是关于某特定的个人或某种特定类型的人们在某个特定的情形（case）中应遵守的行为，而处于该情形中的该等人是或者被推定是受制于主权者的权力；主权者的意志得以实现，要仰赖于对主权者所意图发生的具体事件的预期——如此做出的意志宣示在必要的时候是意志得以实现的手段，并要仰赖这样的预期，即所宣示的意志对那些行为被规范之人来说，是作为其行为的一种动机而发挥作用。[14]

---

〔14〕〔英〕杰里米·边沁：《论一般法律》，毛国权译，上海三联书店2008年版，第1页。

简言之，法律是主权者依靠强力发布的一项命令，其特征有：命令性、普遍性、规范性、强制性、目的性等。仔细观察，会发现这一定义与奥斯丁的定义惊人的相似。以至于学者们戏称，"如若在其生前即已刊行，此书，而非约翰·奥斯丁后来的、显系衍生而来的作品，将统治英国的法理学，与边沁时代以来（分析法学）的现有状况相比，分析法学的发展将会快得多，分析法学的扩展将会以更富生命力的方式进行。"[15] 果真如此的话，那么法理论究竟会朝着哪个方向发展也犹未可知。

在法实证主义的发展史上，奥斯丁是一个奠基性人物，虽然他的理论无疑受到了边沁的影响，但正是他真正开创了这一学派，并首先在大学正式讲授法理学这门课程。奥斯丁的思想集中体现在《法理学的范围》（*The Province of Jurisprudence Determined*）和《法学讲义》（*Lectures on Jurisprudence*）中，这两本书的名字使用的都是"Jurisprudence"，学界今天多采"法理学"的译名，而在当时法学是否成为一门独立的学科都尚有争论，因此也有学者认为应采"法学"之译法。[16] 在书中，奥斯丁立基于主权的概念，提出了"法律就是主权者的命令"这一观点，主权者是一个社

---

〔15〕 徐爱国：《分析法学》，法律出版社 2005 年版，第 30～33 页。

〔16〕 关于"Jurisprudence"的争论，参见陈景辉：《法律的界限：实证主义命题群之展开》，中国政法大学出版社 2007 年版，第 33～42 页。奥斯丁生前出版的 *The Province of Jurisprudence Determined*，被译介为"法理学"。参见［英］约翰·奥斯丁：《法理学的范围》，刘星译，北京大学出版社 2002 年版。奥斯丁去世后由其遗孀组织编辑的讲义 *Lectures on Jurisprudence*，中译本译者也选择将"Jurisprudence"翻译为"法学"。参见［英］约翰·奥斯丁：《法学讲演录》，支振锋等译，中国社会科学出版社 2008 年版。

会中地位最高的、获得人们习惯性服从而自己又无需服从其他更高主体的人，他所发布的一般性命令，表达了要求人们服从的愿望，如果相关主体不按照其指示行动，就会受到法律的制裁。为此，他还有一句很有名的论断：

> 法的存在是一回事，法的好坏则是另一回事。法是否存在，是一个值得研究的问题。法是否符合一个假定的标准，则是另一个需要研究的问题。尽管我们碰巧并不喜欢一项实在法，或者尽管它随我们据以赞许或责难某种行为的标准而多变，但它仍然实际存在着。[17]

奥斯丁的重要贡献在于，为法学找到了独立的研究对象，即法学只研究实在法（positive law），只关心实际存在的法，至于法律之优良善恶应交由伦理学来探究。虽然他的"法律命令说"有一定的解释力，但应用范围却十分有限，无法很好地解释刑法之外的其他法律，比如私人之间自愿订立的契约、自愿设立的遗嘱等。不过，或许正是由于其理论所存在的这种内在局限，才为后世实证主义理论的发展留下了空间。在奥斯丁之后，实证主义有两个分支，一个是凯尔森所创建的规范法学，另一个是哈特开创的分析法学。

凯尔森的法理论有很强的新康德主义色彩，作为法律实证主义理论的坚持者，他认为需要在法体系内部为法效

---

〔17〕 John Austin, *The Province of Jurisprudence Determined*, edited by Wilfrid E. Rumble, Cambridge University Press, 1995, p. 157.

力找到根据。凯尔森放弃了主权者命令这一路径，而是预设了一个"基础规范"（basic norm）的先验概念。法律体系是一个拥有金字塔结构的规范等级体系，位于底部的是具体规范，每一个规范的效力都源自上一级更高的规范，由此一直回溯到最顶端的那个规范，其效力不再从更高的规范中获得，它是所有规范效力的最终来源，此即基础规范。[18] 其基础性在于它是法效力判断的根本标准，相当于奥斯丁理论体系中的主权。对于基础规范的性质，学界历来也有不少争议，甚至不乏批评声。

　　虽然都是"去主权化"的进路，但哈特的理论与凯尔森有很大不同。他以批判奥斯丁的法律命令说作为理论起点，认为奥斯丁的理论面临双重困难：首先，只有一小部分的法律可以说是由命令组成的；其次，更为重要的是，我们无法根据政治主权来说明所有法律的渊源。他对法律命令说的批判集中于三点：其一，仅可以解释刑法，但也不是非常成功；其二，无法解释广阔的私法领域；其三，某些法律并不起源于命令，而是起源于习惯。为此就需要寻找一个新的起点，这就是"义务"和"规则"。人们被迫做某事（持枪劫匪命令：把钱交出来！）与人们有义务做某事，存在着根本性的区别。义务概念的出现，与内在立场是联系在一起的，人们只有对某个规范从内在的立场上持一种反思批判性的态度，将这一规范的要求内化于心（内在化/internalization），才能真正理解这一规范，并将其

---

　　〔18〕　参见［奥］凯尔森：《法与国家的一般理论》，沈宗灵译，商务印书馆2013年版，第173～178页。

尊奉为行动理由（reasons for action）。这种内在的立场与法律现实主义者眼中的"坏人"（bad man）所持有的外在立场，是完全对立的，后者是出于某些审慎的理由（prudential reasons）而服从法律。

以此为基础，哈特型构了自己的社会规则理论。他认为，在前法律社会中，仅存在设定义务的规则，较为单一、僵化、不确定、静态、无效率，为此需要引入一些新的规则来改变这种现状。他将法律体系看作是初级规则与次级规则的统一：前者是义务性规则，要求人们做一定的行为，或者禁止人们做一定的行为；后者是授权性规则，它负责引入新的规则，废除、修改旧的规则，并限定它们的范围和运作方式。次级规则包括承认规则、变更规则、裁判规则。其中，承认规则是法律效力之基石，被誉为帝王准则。变更规则是用来修改或变更规则的规则，裁判规则构成了法官裁判的准则。[19]哈特反对形式主义与现实主义的怀疑论，走出了一条中间道路，提出了法律的"开放性结构"（open texture）理论。他认为，语词有其核心与边缘地带，落在核心区域时语词就是清晰的，而一旦落入边缘区域，语词的意涵便会出现模糊和争议。伴随着这种开放性结构，法官拥有一种自由裁量权，可以通过造法的方式来呈现确定的法律标准，解决眼前的争议案件。

在"当代法律实证主义"这一章中，除了介绍哈特的理论之外，还介绍了麦考密克（MacCormick）的理论贡献，

---

〔19〕 参见［英］H. L. A. 哈特：《法律的概念》，许家馨、李冠宜译，法律出版社 2006 年版，第 86~93 页。

他的研究兴趣广泛，涉及主权、宪法理论、自由主义以及社会民主等。他的主要贡献是在法律推理方面，提出了二次证明理论，这在英美法理学关于方法论的作品中产生了不小的影响。麦考密克晚年致力于研究法律权利与社会民主问题，并在这方面出版了一系列重要的论著。

第五章还介绍了拉兹（Raz）的理论。拉兹的研究涉及法哲学、道德哲学和政治哲学等诸多领域。不同于哈特，其立场是排他性法律实证主义，其选择从权威的角度证成自己的理论主张。除此之外，他在法治理论方面亦有重要论述，因此获得了"2018年唐奖法治奖"。拉兹教授在台北发表了"法自身之品性"（The Law's Own Virtue）的演讲，他认为法治是法律所必须追求的美德或品性，也是我们人类生活应追求的重要价值。为此，他重述了法治的重要原则：一是政府之行为必须要受到法律之规制；二是法律要清晰和明确；三是法律要有安定性，不得朝令夕改；四是法律要公开；五是法律要具有一般性，能够被普遍适用；六是法律要具有可预测性；七是法律应指向未来，不得溯及既往。[20] 通过对这些大原则的进一步解释，法治的内容还可以进一步地扩展。法治存在的意义，是要让被法律规制之人（包括统治者与被统治者）都能了解法律是什么，要求统治者能够在法律的框架之下进行治理和统治，被统治者也能够知晓自己是如何被统治的。拉兹表示，法治的诸原则中有一条非常重要，这就是政府要守法、不可

---

[20] See Joseph Raz, "The Law's Own Virtue", *Oxford Journal of Legal Studies*, (2019), pp. 1-15.

为所欲为，具体又可延伸为几个子原则：其一，政府要向大家公布决策背后的理由（giving reasons）；其二，理由必须是公正的、没有差别待遇；其三，让大家有发言的机会，通过理性辩论提出自己的主张；其四，法治要成为公共文化的一部分，必须与教育、政治的对话相结合，唯有如此法治才能真正落地生根。如此一来，法治的原则和内容就得到了扩展，变得更为厚重和全面。

四

德沃金是当代最伟大的法哲学家之一，他前期的法律思想集中于批判法实证主义，尤其体现在与哈特进行的长达数十年的学术论战中。德沃金挑战了规则模式，认为除了规则之外，在发达的法律体系中还存在着重要的法律原则，法实证主义者所共享的法效力判准无法识别出具有实质性内容的法律原则，因此实证主义无法为"法律是什么"提供一个成功的解释，规则模式应被抛弃或加以改造。

哈特将承认规则作为法律效力的最高判准，能够识别出任何能够称之为法律的东西，而承认规则自身的效力可以追溯至一个社会中的官员及大多数人的实际接受。用德沃金的话来说，"由此，我们可以这样来记录哈特的根本区别：一个规则之所以可能具有效力，是因为：（a）它被实际接受或（b）它是有效的。"[21]然而，德沃金将这种法

---

[21] See Ronald Dworkin, *Taking Rights Seriously*, Harvard University Press, 1978, p. 20.

效力的判别视为一种"谱系性判准"（pedigree），任何东西只要能符合相关的社会事实而无需考虑其实质内容（政治道德、正义或其他价值）如何，就可以将其判定为法律。此外，至于这种法效力的判准能否识别出法律原则？是什么使得一个原则能成为法律原则？哈特的理论是否像德沃金所批判的那样无法包容实质原则？承认规则如何能够识别原则呢？德沃金对这些问题给出了自己的回答。

德沃金主张，"实证主义是一种规则模式或规则体系，其为法效力提供的单一判准的核心概念，可能会使得我们错失一些非常重要的标准，而这些标准显然并不是单纯的规则"[22]。德沃金尝试建构出一种能包容法律原则的理论，并且他宣称规则与原则之间是一种质上的（quality distinction）或逻辑上的区别（logical distinction）。法律原则具有三个本质性特征，即可欲性（desirability）、一般性（generality）以及非终局性（non-conclusive）。这决定了法律原则具有分量的属性，必须以权衡的方式来运用，而法律规则是以全有或全无的方式适用的。

在德沃金的法哲学理论中，隐含着一个极为重要的问题，即（政治道德）原则何以能成为法律原则。对此，德沃金尝试将法律原则的效力与道德论证或原则的内容联系起来。一个原则之所以能成为法律的一部分，并不在于其谱系渊源，而在于它符合某种正义或道德标准。如此一来，一个原则如欲成为法律原则须通过两道门槛的检验：其一，

---

〔22〕 See Ronald Dworkin, *Taking Rights Seriously*, Harvard University Press, 1978, p. 22.

必须是法律职业群体和公众随着时间的推移而发展起来的一种妥当感，比如任何人都不得从不义行为中获利，任何人不能在缺乏充足证据的情况下被定罪等，它不能是一个真空中的实体，而是人们凭借智慧和经验长期积累起来的道德共识；其二，它仍然需要一些制度性支撑，诸如制度性责任、成文法解释、各种先例的说服力、所有这些与当下道德实践的关系以及其他承载着这些标准的东西。一般而言，我们得到的这种制度性支撑越多，我们就越可以赋予这个原则更大的权重。可以说，德沃金在法概念上的立场是反实证主义的，即其认为对于法律的判别标准是无法脱离具有实质意涵的政治道德内容的。

历史法学派以及社会法学派，也通常被视作是围绕法概念议题而形成的不同法学思潮。历史法学派和社会法学派，在"法律是什么"这个问题上，采取了一种典型的还原论进路，将法律这种东西还原为一种历史经验、民族精神或社会经验事实，换句话说，在它们这里，法律的规范性被事实性因素不同程度地消解了。

历史法学派一般可分为德国和英国两个分支，德国以萨维尼（Savigny）为主要代表，主张法律像风俗和习惯一样，是一个民族意志或精神的体现，就此，他认为习惯法或许才是法律的一种妥当存在形式，对制定法典应持有一种谨慎的态度，这也就是萨维尼和蒂堡（Thibaut）关于是否需要制定一部德国统一的民法典曾展开激烈论辩的原因。[23] 英国

---

〔23〕 参见［德］蒂堡、［德］萨维尼：《论统一民法对于德意志的必要性：蒂堡与萨维尼论战文选》，朱虎译，中国法制出版社 2009 年版。

历史法学派的代表是梅因（Maine），他对自然法理论进行了一定的批判，并指出构成一个法律体系并赋予其效力的因素包括：传统、同意和互利互惠。梅因在其《古代法》（*Ancient Law*）一书中重点论及了法律的起源和进化，提出了那个很著名的论断：所有社会的进步都是一场从身份到契约的运动。

社会法学派则采取了一种外部的描述性视角，通过经验事实的归纳和分析来形成相关法理论。德国的埃利希（Ehrlic），指出应将关注点从"书本之法"（law in book）转移到"行动之法"（law in action），认为在实际生活中真正起作用的是"活法"（living law）。庞德（Pound）则认为人类社会的控制手段，经历了从宗教控制和道德控制到法律控制的历程。总而言之，社会法学的基本主张是：法律来源于整体的社群生活、它必须符合一般性而非个体性利益、它不应是一个静态的而是一个不断成长的存在。

五

裁判理论也是法理论的一个重要部分，事实上任何一种裁判理论都预设了某种法概念论。至于法概念论与裁判理论之间的关系则颇为复杂，二者之间并不能用简单的"决定论"来描述。有时候持有相同的法概念立场，未必会得出同样的裁判结论；而另一些时候，持有不同的法概念论立场，也有可能得出相同的结论。

前述德沃金的法律思想中，法概念论与裁判理论的结合体现得就非常明显。尤其是在《法律帝国》（*Law's*

Empire）一书中，他所建构的整全法（law as integrity）理论便是法概念论与裁判理论的统一，无论将其解释为法概念论还是裁判理论的做法都是片面的。德沃金用了一定的精力处理了法律实证主义和法律实用主义在法概念论上的主张，进一步提出法律是一种解释性的概念，法律实践是一种以目的为导向的实践，必须根据目的或本旨来解释实践和解释法律，因此法律的概念必然要包容实质性的政治道德价值。法实证主义是一个被"语义学之刺"蛰中的理论，而法律实用主义所持有的怀疑论立场也有很大的危害。为此德沃金借助于建构性的解释，发展出了整全性的裁判理论。他认为在一切案件中都存在所谓正确的答案，对于所争议的法律问题都可以形成一种最佳的解释。只不过，这一理论需要满足两个条件：其一，是符合向度（fit），即必须与过去的政治决定保持一致；其二，是证立向度（justification），对解释进行正当化证成，形成一种与政治道德价值最融贯的判断。[24]在此理论之下，一切案件的裁判结果实质上就是解释的结果。

前文曾经指出，法律形式主义、现实主义和实用主义、批判法学也是一种重要的司法裁判理论，而且他们有时甚至会承诺某种法概念立场。法律形式主义产生在先，由于对它的诸种不满，催生了法律现实主义，后者经过发展又进一步衍生出批判法学研究，它们三者之间有一种内在的承启关系。

---

[24] See Ronald Dworkin, *Law's Empire*, Harvard University Press, 1986, p. 67.

　　法律形式主义曾统治美国法学界很多年，这一段时期被吉尔莫（Gilmore）称为"信仰的时代"，形式主义者将法学当作一门科学来建构。其代表人物是兰德尔（Langdell），他1869年被任命为哈佛大学法学院第一任院长，由于受到自然科学的影响，他认为"法律是一门科学"，法学院图书馆类似于实验室，应以与科学相同的方法来研究法律。他开创了具有深远影响的案例教学法（case method），案例构成了教学和研究法律的主要原料，通过与苏格拉底教学法相结合，学生们被引导从案例中提炼出相关的法律原则和教义。这一教学法对培养法科学生的实践技能发挥了十分重要的作用。借助于这种科学的方法，律师们可以从一些基础性的原则和概念中演绎出正确的司法裁决。他的这种方法和理念集中体现在《合同法判例选》（*A Selection of Cases on the Law of Contracts*）这本书中，该书也是第一本为学生编写的判例集。

　　法律形式主义，从字面上总会给人们带来一种机械主义或教条主义的感觉。总体上看，其核心主张是现有法律体系是完美的，通过演绎的方法可以从中为所有案件推演出答案。夏皮罗（Shapiro）将法律形式主义主张归纳为四个基本问题：①司法克制。除了寻找和适用既存的法律之外，法官再没有什么能够做的了。②自治性。认为法律是确定的，既有法律可以为任何法律问题提供答案，因此法律不存在所谓的"漏洞"。③概念主义。即认为法律是由概念和规则所构成的一个层级有序的体系，位于上端的是抽象概念和原则，越往下规则的内容和形式就越具体，而且下层阶的低抽象度的规则都可以从上层阶的抽象概念和原则中推导出来。④裁判的非道德性。法官在裁判中只使用形式逻辑（主要是演绎的方法），而不得诉诸或求助于任何形式的道德推理。[25] 几乎所有的法律形式主义者都会共享以上这四个主张。

法律形式主义信奉法律的确定性，并坚持演绎推理的形式裁判方法。按照演绎推理的结构，如果作为推理之前提的法律确定，案件清晰明确，那么结论的得出就是顺理成章的。法律现实主义则整体上持有一种怀疑论，并以此对法律形式主义发起了全面的攻击。具体来说，法律现实主义主要采取了两种策略：其一，是攻击推理的大前提，主张法律是不确定的，此即所谓"规则怀疑论"，即追问：什么是法律？如何确定法律？现实主义者给出的答案是，法院在案件中所作的判决或预测就是法律，这很明显是站在坏人立场上持有的一种外在主义观察，无论是哈特还是德沃金都曾极力批判过这种观点。还有一种看法，比如格雷（Gray），认为只有在审判过程中经过法官解释的东西才能称之为法律。这种规则怀疑论，会极大地损害法律的确定性，也使得裁判的客观性难以得到保证。其二，是攻击推理的小前提，认为不仅规则，就连案件的事实也是极端不确定的，此即"事实怀疑论"，弗兰克（Frank）就是持这种观点的一个典型。他认为形式主义的理论不过是个"神话"，在现实裁判中真正起决定作用的不是法律或逻

---

〔25〕 See Scott J. Shapiro, *Legality*, Harvard University Press, 2011, pp. 241-243.

辑，而是法官个人的偏好、气质、品性等主观性因素。

美国法律现实主义与实用主义有时不是很好区分，他们的立场基本一致，霍姆斯、卡多佐（Cardozo）、波斯纳（Posner）等人更喜欢"法律实用主义"这个称号。实用主义整体上也持有一种法律怀疑论，更偏好后果和政策分析，寻求能够带来最佳社会效益的裁判，哪怕有时候背离法律的拘束也在所不惜。除了美国的现实主义者，在北欧还有斯堪的纳维亚法律现实主义者，他们一方面批判法实证主义的法理论，认为社会上大部分人之所以服从法律并不是出于强制而是因为习惯使然。另一方面，从其理论中观察可知，与美国法律现实主义着重于从心理角度研究司法行为不同，斯堪的纳维亚法律现实主义主要是从社会学和心理学方面研究人们的守法行为。

法律现实主义向后发展，又衍生出了批判法学研究、女性主义法学和种族与法律等理论。批判法学研究（Critical Legal Studies Movement，CLS）是 20 世纪 60 年代末产生于美国耶鲁大学法学院的一股法学思潮，70 年代在哈佛大学、斯坦福大学等著名法学院传播，其代表人物有邓肯·肯尼迪（Duncan Kennedy）、莫顿·霍维茨（Morton J. Horwitz）和罗伯托·昂格尔（Roberto Unger）。它以批判美国的法律思想和制度为己任，批判法学家们在理论上和政治上属于"新左派"。其核心观点，认为法律就是政治，自由主义关于法律是自治的、独立于政治的和伦理的观点就是一个谎言，如邓肯·肯尼迪所批判的那样：

当教师让学生们相信法律推理，作为一种获得正确结果的方法，它一般区别于伦理的或政治的论述，他们在胡说……对于法律问题，从来就没有一个与正确的伦理或者政治解决方法有别的"正确的法律解决方法"。[26]

以上是从法概念论和裁判理论这两条主线出发，对《法理学简读》一书主要内容进行的概述。法哲学的内容博大精深，每一个主题都值得用更多、更厚重的篇幅来讨论。在写作这个导读的过程中，笔者也深切地感到吃力，因为很难用简短的话语来清晰地展现某一个学者或学术流派的思想观点。而本书作者，恰恰在这方面做了一个成功的尝试。想简要了解西方法律思想史或对法哲学感兴趣的读者，不妨翻一翻这本小册子，相信你会收获智识和思想上的愉悦。

孙海波

2020 年 6 月 20 日

于北京

---

[26]　[美]安德鲁·奥尔特曼：《批判法学——一个自由主义的批评》，信春鹰、杨晓锋译，中国政法大学出版社 2009 年版，第 11 页。

第 1 章　法理学

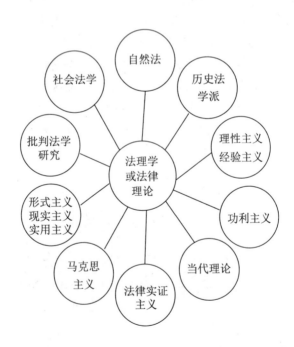

1.1　概　览

2

1.1.1　为什么学习法理学?

1. 学习法理学或法律理论的主要目的是提供一个基本
   框架，以此来帮助学生定位和思考法律问题的方方
   面面，包括：

   （a）它的起源、历史及发展；

   （b）它的智识基础及正当性根基；

   （c）它与其他理论性和实践性学科之间的关系，
   诸如：

   - 哲学；
   - 社会理论；
   - 犯罪学；
   - 政治学；
   - 经济学。

   （d）法律在解释"黑体字法"（即众所周知且不容
   置疑的法律原则及规则）方面所发挥的作用，
   构成了大部分 A 级法学课程和学位的主要内
   容。诸如人们在一个特定（如英国的或法国
   的）法律体系内所学习的合同法、侵权法和刑
   法等。

2. 法理学因此跨越了各种国内（国家）法之间的边
   界，但仍需与国际法区分开来，国际法可能包括：

   （a）国际私法或者冲突法，所要解决的是一种私人

性问题，比如跨越不同法域的离婚或合同问题；

(b) 国际公法，涉及的是主权国家之间的问题。

3. 它可以是初级，也可以是中级或高级，这具体取决于学生的想要获得什么：

   (a) 获得一张清晰的鸟瞰图；

   (b) 获得对历史和智识趋势（比如自然法和法律实证主义）的广泛理解；

   (c) 更详细地掌握特定概念（比如现实主义、社会法学、权利或经济法微积分、正义的概念）。

   这本书为以上三个层次的需求都提供了一个有用的参考和学习工具。

4. 第一章概述了构成法理论的许多概念和思想，这些概念和思想在随后的章节中会有进一步的阐述和解释。学生们应当发现第 1.2 节对法理学理论和术语的界定特别的有用。

1.1.2 "法理学"的含义

1. "法理学"一词源自拉丁语"*juris prudentia*"，一般意指对法律（社会）科学的研究或形成的知识体系，尽管在特定的语境中它可能指涉其他一些事物，比如：

   (a) 判例法；

   (b) 特定司法管辖区内的法，比如，法国法；

   (c) 特定的法系，比如，源自罗马法的民法法系，通常与之相对的是源自英国普通法的普通法系。

2. 然而，对于法律理论存在着许多不同的研究进路，尽管这些进路都可以做出如下所表明的那种类型化处理，但是它们之间的界限仍然存在很多模糊之处，而且在某些情形下几乎很难找到任何模糊的界限。

3. 因此，尽管没人会争辩说凯尔森（第 4 章）不是一位法律实证主义者，或者阿奎那（第 2 章）不是一位自然法论者，但还有很多学者不能如此简单地被归类，比如：

- 富勒（第 2 章）采纳了一种更加模糊的自然法立场；

- 哈特（第 5 章）采纳了一种更合格的或更高级的实证主义立场；

- 德沃金（第 10 章）在自然法和实证主义之间走出了所谓的"第三条道路"；

- 一些学者采纳了某种激进的政治立场，它并不必然明确地植根于传统的界限之内，比如马克思主义法学家或社会法学家；

- 还有一些人则认为自己不属于任何传统的类别，但是它们在其自身广泛的分类范畴内（诸如批判法学研究、现实主义或历史主义）也同样难以确定；

- 以往那些正在被研究的法哲学家，他们通常以精妙和复杂的语言而著称。

4. 尽管如此，为了使木材和树木的关系变得更清楚，就需要尝试对它们做出一些分类。因此，在概述了主要的分类和一般性的定义之后，就要更加详细地考虑一些主要法哲学家及其关于法律理论的思想和作品。

1.1.3　一般性进路

1. 法理学有许多广泛的研究方法，因此可以通过以下研究来探讨法律理论（参见第 1.2 节表格中的定义）：

   （a）分析和规范法学；

   （b）教义理论；

   （c）政策分析；

   （d）比较解释与分类；

   （e）对特定法律条文的批判；

   （f）法律与其他知识范畴的比较；

   （g）种族或性别等批判性法律理论（第 11 章）。

2. 这种方法论的一个变体是参照社会科学和人文学科来审查法律哲学，其中一些较为常见的方法包括：

   （a）历史；

   （b）（道德）哲学；

   （c）政治学或经济学；

   （d）人类学与文化学。

3. 这可以细化为对相关概念主题进行更为具体的研

究，比如：

(a) 正义；

(b) 惩罚；

(c) 权利；

(d) 义务；

(e) 公正（equity）；

(f) 法律人格。

4. 许多法律哲学作品的目的是为以下问题提供答案，比如：

(a) 什么是法律，它的目的是什么？

(b) 法律体系是如何运作的？

(c) 是否能识别出足够的共同因素从而产生一个普遍性理论？

(d) 法律是可以独立存在的东西吗？还是需要与正义或道德等概念相结合？或者与更模糊的"人民的精神"（民族精神）的概念相结合才能有效？

(e) 表述略有不同，法律（或法律制度）与主观性或文化性概念（如权利、义务或正义）之间是否存在或应当存在任何必要的关联或联系？（关于"是"和"应当"之间的区别，在下一节将会讨论这个重要问题。）

5. 当法律哲学家开始他们的研究并撰写他们的理论时，这个过程通常被称作为特定学者的"计划"，由此：

5

（a）在一项关于全球化与法律理论之间关系的研究中，威廉·特维宁用了十年的时间来写作，并将此称为自己的研究计划，他的目的是要揭示自己所发现的现象，并在相关语境中对这些现象进行分析；

（b）阿奎那的"计划"（虽然在他那个时候还不会这样称呼它）是为了解释上帝法与人类法之间的关系，而马克思的计划则是为了表明法律在人类历史上是必然的和长期存在的。

1.1.4 "是"与"应当"

1. 在法理学的讨论中，始终要牢记的一个重要区别是"是"与"应当"的问题：

   （a）一些法哲学家专注于对某一特定主题的分析，其中包括客观的描述、解释和讨论；

   （b）与此同时，另一些学者则对他/她认为一个法律体系应该实现的目标进行评价，这不可避免地会牵涉到主观性的考量标准。

2. 休谟（Hume，第 3.1.4 节）强调了从"是"这个前提中不可能推导出"应当"的结论，他指出：

   （a）从事实上"是什么"中得出"应当会发生什么"的结论是不合逻辑的；

   （b）其结果是，规范性或行为性结果无法从事实陈述中推导出来（参见第 3.1.4 节）。

3. 这可以用一个三段论来说明（参见第 1.2 节中的表

格和第 6.3.8 节中的定义），其有效形式如下：

（a）所有女人都是人；

（b）露丝是个女人；

（c）因此，露丝是人。

4. 然而，伦理上的非认知主义导致了一种谬误或错误的三段论，比如：

（a）所有的猪都有猪蹄子；

（b）布莱恩是头猪；

（c）因此，布莱恩应当有猪蹄子。

5. 尽管很有可能布莱恩真的会有猪蹄子，但得出他应当有猪蹄子的结论却是无效的，休谟认为这属于谬误或错误的论证。

6. 应当指出的是，从学术的角度来看，以学者想当然的方式（认为应当是怎样的）来描述法律，不能绝对地说是正确还是错误、低级还是高级，但重要的是应始终明确那一区分。

7. 然而，从哲学的观点来看，自然法阵营的法律人认为没有任何一个适当的法律体系可以完全脱离宗教和道德方面的内容；与此相比，纯粹的法律实证主义者会说，法律和道德之间是（或者应当）有区别的和彼此独立的。

1.1.5　自然法

1. 自然法是这样一种理论，要求在确定法律的意义及正当性时应考虑一些外在的或非法律性的问题，唯有这样才能理解法律。

2. 这些从外部引入的观念通常是道德因素，更具体地说，应将自然法与下面这些因素联系起来：

(a) 宗教；

(b) 道德；

(c) 权利；

(d) 理性；

(e) 正义；

(f) 良心。

3. 言下之意，自然法包含了"重叠命题"，所谓"重叠"是指应在多大程度上将法律和道德放在一起加以考量，并把各自视为彼此的一部分，尽管人们对这种重叠的程度及发生重叠的方式持有明显不同的意见。

4. 争论最为激烈的是像阿奎那和布莱克斯通（Blackstone）这样的学者，他们实际上（尽管从不同的宗教立场出发）在争论的是，如果法律不符合上帝所提出的法概念要求，那么这样的法律就不能算作是法，这不可避免地涉及外在的法制和信仰的问题。

5. 然而，自然法论者的宗教态度广泛多样，这意味着很难找到他们的自然法信念所依据的基础有什么共同点。

6. 自然法在个别法律体系形成的过程中可能发挥着一些意想不到的作用，例如，教规或教会法是形成（后来的）普通法的一股重要的力量。

7. 在这个意义上，一些完整的法律传统（相对于单独的国家法律体系而言）可能拥有自然法基础，比如：

（a）伊斯兰教法；

（b）犹太塔木德经；

（c）起源于印度的印度教法。

8. 另外一些论者则采纳了不那么严格的重叠基础，仅仅主张如果某个法律体系想要为遵守它的主体施展权力，那么就必须拥有某些最低限度的道德要素，如此一来便意味着法律和道德之间的世俗联系不必一定建立在宗教的基础之上。

9. 有关自然法的一些明显困难是：

（a）所倡导的道德摄入的来源和性质差别很大；

（b）至于这种摄入是否应包括宗教或世俗的道德观，以及如果是宗教的话，（考虑到罗马天主教和贵格会教之间的信仰差异）应该是哪一个或哪一种宗教，目前对此还没有达成共识；

（c）客观地研究自然法体本身是不够的，因为总是需要从外部引入一些要素，其中既包括信仰因素，也包括一些超出科学或理性分析的其他主观因素。

10. 从历史上看，自然法可以追溯到大约 2500 年前的希腊人，然后经由罗马人传入到中世纪的天主教会再到最近的几个世纪，当时它在中世纪后期受到了广泛的欧洲思想运动的挑战，比如启蒙运动

（参见第 3.3 节）和宗教改革。

11. 到了 19 世纪，它被壮大了的法律实证主义所取代，但在 20 世纪又得到了某种程度的复兴，部分原因是实证主义无法为那些被认为所谓的"合法政权"所犯下的罪行进行辩护。

8

1.1.6　法律实证主义

1. 法律实证主义是一组法律理论，它代表着这样一种观点，即法律包括在一国管辖范围内建立的规则及运行机制，只要它是合法地实施的，并且在其最纯粹或最极端的意义上，不必去考虑它的宗教内容或道德内容是什么。

2. 大体上来看，它与自然法是对立的，因为：

　　（a）它完全是人类强加给社会的（或者顾名思义是"制定的"）；

　　（b）它不必考虑道德方面的内容；

　　（c）可以纳入制定者和执行者所想要的任何内容。

3. 因此，人们用它来意指许多不同国家或地区的法律体系，比如英国法、法国法、阿尔巴尼亚法或中国法，而不管它们各自的目的、目标、方法和运行规则有多大的差异。

4. 在这方面经常使用的一个例子是纳粹德国的法律体系，它是由一个合法选举的政权起草和执行的，但其目的却是不道德的，以至于最终带来致命的恶果。

1.1.7　法律实证主义的变种

1. 法律实证主义的立场之内存在许多命题，包括社会事实或谱系命题，它们强调是社会事实最终为法律提供了合法性（legal legitimacy）。

2. 杰里米·边沁（第 4.3 节）的某些思想就是这种进路的一个例证，他的弟子奥斯丁将这种思想进一步阐述和发展为了命令理论（第 4.4 节），认为法律体系的特点是拥有一个"主权者"（意指法律制定者而非君主）通过发布命令来创设法律，而这个主权者同时又不服从另一个更高的主权者。

3. 后来社会事实命题的提出者，诸如哈特（第 5.1 节），认为存在着其他一些规则，他们提供了制定、修改和废止此类法律的权力。

4. 哈特提出了初级规则和次级规则，次级规则包括：

   （a）承认规则；

   （b）变更规则；

   （c）裁判规则。

5. 惯习命题主张，任何这样的社会事实都必须符合所考虑的社会能够接受的社会惯习。

6. 分离命题否定了法律与道德之间存在任何必然的或构成性的联系，从而有效地走到重叠命题的对立面。

7. "第三条道路"是对罗纳德·德沃金作品的一种解读，它强调法官在运用道德原则裁判"疑难案件"方面扮演的角色，但并不是从社会标准中推衍出这些法律原则（第 10 章）。

8. 存在很多种不同的方式来帮助我们理解法律的性质，诸如约翰·斯图尔特·密尔（John Stuart Mill）的伤害原则和德弗林勋爵（Lord Devlin）的法律道德主义，它们之间的差异导致了许多著名的争辩和讨论，诸如哈特与德弗林以及哈特与富勒的论战。

9. 这些反过来又推动了 20 世纪法律理论的进一步发展，唤起了朱尔斯·科尔曼（Jules Coleman）、约翰·菲尼斯、罗纳德·德沃金、约翰·麦基（John Mackie）以及其他许多学者的回应。

10. 虽然法律实证主义的起源较早，但它到了 19 世纪才真正确立了自己的地位，这主要是归功于边沁和密尔的开创性努力，以及后继者约翰·奥斯丁的进一步开拓。奥斯丁成为新成立的伦敦大学（University of London）的第一位法理学教授，20 世纪的其他一些诸如汉斯·凯尔森这样的实证主义者沿着先驱们所开创的道路继续前进。

11. 结果是在 19 世纪自然法的信念逐渐走向衰落，虽然对严格遵守法律实证主义可能导致的恐惧带来了 20 世纪自然法的复兴，但一些法哲学家，诸如德国法学家拉德布鲁赫（第 2.5.2 节）开始重新反思法律的性质。

1.1.8 深厚传统

1. 从古希腊到 21 世纪漫长的法理学传统中，有时会导致争论明显矛盾地分化为两大范畴，即主要是自然法和法律实证主义，而最近又出现了许多其他的进展，这些进程通常起源于新世界。

2. 这可能导致相当多的过度简单化或坚持非黑即白的思想，但是历史和文化的进步在推动法理学向前发展方面起到了重要的作用，比如： 10

■ 黑暗时代的出现和欧洲教育的复兴；

■ 启蒙运动（第 3.3 节）；

■ 宗教改革；

■ 科学发现和随之而来的方法论的改进；

■ 经验主义和理性主义（第 3.1 和 3.2 节）。

3. 然而，后来的几个世纪带来了法律思想的其他发展，比如与历史法学派（第 7 章）相关的：

■ 弗里德里希·卡尔·冯·萨维尼（1779—1861）（第 7.1 节）；

■ 亨利·梅因爵士（1822—1888）；

■ 弗雷德里克·波洛克爵士（Sir Frederick Pollock，1845—1937）（第 7.3 节）；

■ 弗雷德里克·威廉·梅特兰（Frederick William Maitland，1850—1906）（第 7.2 节）。

4. 马克思主义（第 8 章）对前共产主义第二世界的法律和经济理论产生了重要影响。

5. 马克思主义的重要影响，加上马克思本人的影响，这一阵营的论者主要包括：

■ 格奥尔格·威廉·弗里德里希·黑格尔（Georg Wilhelm Friedrich Hegel，1770—1831）；

■ 卡尔·马克思（Karl Marx，1818—1883）；

■ 叶甫盖尼·布罗尼斯拉沃维奇·帕舒卡尼斯
（Yevgeniy Bronislavovich Pashukanis，1891—1937）；

■ 安德烈·维辛斯基（Andrey Vyshinsky，1883—
1954）。

6. 美国的另一种选择（第9章）是形式主义或概念主
义，要求从对相关案例的研究中对规则进行逻辑演
绎，以从中推衍出法律原则，它将法律视为科学那
样来对待。这方面的法哲学家包括：

■ 克里斯多夫·哥伦布·兰德尔（1826—1906）；

■ 詹姆斯·巴尔·艾姆斯（James Barr Ames，1846—
1910）。

7. 美国实用主义的代表人物有：

■ 查尔斯·桑德斯·皮尔士（Charles Sanders
Pierce，1839—1914）；

■ 威廉·詹姆斯（William James，1842—1910）；

■ 约翰·杜威（John Dewey，1859—1952）。

8. 现实主义描述了法官的一种主观性的进路，他必须
在当事各方向法院提出的疑难问题的基础上作出艰
难的判决。它在美国和欧洲沿着不同的路线发展，
形成了美国现实主义和斯堪的纳维亚现实主义
两派。

9. 美国法律现实主义的代表人物有：

11　　■ 奥利弗·温德尔·霍姆斯（1841—1935）；

- 卡尔·尼克森·卢埃林（Karl Nickerson Llewellyn，1893—1962）；

- 杰罗姆·弗兰克（1889—1957）。

10. 斯堪的纳维亚现实主义的代表人物有：

- 阿克塞尔·哈盖尔斯特列姆（Axel Hagerstrom，1868—1939）；

- 卡尔·奥利维克罗纳（Karl Olivecrona，1897—1980）；

- 阿尔夫·罗斯（Alf Ross，1899—1979）。

11. 20 世纪 70 年代，批判法学研究（CLS，参见第 11 章）在美国兴起，并且出现了许多不同的分支：

- 女性主义法学；

- 批判种族理论；

- 受文学理论影响的后现代主义；

- 法律经济学（比如理查德·波斯纳，参见第 12.6.2 节）。

12. 推动批判法学研究的学者包括：

- 罗伯特·戈登（Robert Gordon）；

- 莫顿·霍维茨；

- 邓肯·肯尼迪；

- 凯瑟琳·麦金农（Catharine MacKinnon）；

- 罗伯托·曼加贝拉·昂格尔。

13. 法理学的这些以及其他某些方面，还有由此形成的许多理论，其中一些会在本书后面的章节中有所讨论。

1.2 词汇与语言

1.2.1 法理学语言

1. 由于哲学家（特别是法哲学家）所研究的问题，他们使用或运用的文字和语言，试图从每一个句子和论述中抽取出最佳的精确意义，这本身有时会导致混乱。

2. 本书尽可能避免这种细微的差别，因此"法律哲学""法律理论"和"法理学"这几个术语不应在有限的技术背景下再行解释。

3. 在本书以及法律理论的讨论中所使用的一些基本术语或概念总结如下，在随后相应章节中还会有更详细的讨论和处理。

1.2.2 理论与定义

12

分析法学	科学地研究法律实际上是什么，审查和分析具体的法律制度及其结构，以了解它们是如何运作的。
先验地	从已知或接受的事实到假定结论的演绎性推理过程，无需诉诸归纳性经验的推理。
从头开始	从零开始，或从头开始。
法典编纂	制定成文法的过程，要么从习俗或既存的规范中产生，要么由正式授权的立法机构或类似机构从头开始制定。

续表

认知主义	通过知觉、直觉和推理而非演绎能够得出关于道德和正义等问题的绝对而又正确的结论。
命　令	描述那些法律实证主义者（起源于奥斯丁）的命令性观点，他们认为法律体系之内必须存在着一个"主权者"或"统治者"，而这个人本身又不服从于一个更高的法律上级（亦见命令性）。
契约论	人类通过一种（理论性或概念性而非实际的）社会契约将自己融入社会的观点［比如卢梭（Rousseau），第 3.2.4 节］，他同意集体放弃某些在不受约束的自然状态下所享有的自然自由。
惯习命题	由社会惯习而产生的社会事实决定着法律的效力（法律实证主义）。
批判法学研究（CLS）	20 世纪 70 年代和 20 世纪末出现的各种（主要是美国）法律运动的总称，这些运动包括女性主义、种族和性取向以及歧视等问题（第 11 章）。
演　绎	主要基于经验和经验性证据，从一组前提中推导出一般性结论的过程。
辩证逻辑	一门逻辑推理的艺术，特别是通过讨论和逻辑辩论来评价一个理论真理性的艺术或实践，尤指马克思主义者所采取的黑格尔的辩证哲学，即通过并置或对比对立面以确立某个命题，然后再找到它的对立面，此种综合的过程就会产生新的更高形式的知识。
法律的经济分析	理查德·波斯纳所提出的一种法学理论（第 12.6.2 节），其主张实现正义的核心途径是经济效率，从而通过允许人们财富最大化来同时实现这两个目标，或者换句话说，通过首要考虑经济要素来解释法律制度的运行。

13

续表

经验主义	以归纳推理和对现象的观察为基础（与理性主义相对，第3.1和3.2节），认为所有的知识都来自经验。
事后的	事后。
幸福或快乐的计算	杰里米·边沁关于计算社会中痛苦和快乐之总和的建议，由此可以提前计算出具体行动与选择的后果和价值。
形式主义	一种关于确定性而非个体（比如法官）选择应适用于法律解释和建构的观点，如此一来语词和概念都将具有固定的含义，对于这些确定含义的偏离将是不可接受的（一种不受衡平所影响的严格的普通法方法）。
善	在法律体系中被假定为要实现或获得的理想目标的东西（往往是自然法论者因其主观性而假定的）。比如约翰·菲尼斯（第2.5.6和2.5.7节），认为人类基本善的形式包括： ·生命； ·知识； ·娱乐； ·审美体验； ·社交或友谊； ·实践合理性； ·宗教。
伤害原则	只有出于保护人们免受伤害的理由，才能正当地干涉主体的行动自由（第6章）。
阐释学	涉及解释，尤其但并不必然是关于圣经的解释。

14

续表

历史法学派	19 世纪随着法律实证主义而兴起的运动，是对自然法所做出的一种回应，特别是在德国受黑格尔和萨维尼的影响下而产生，经由梅特兰、波洛克和梅因在英国发展起来的一场学术运动（第 7 章）。
命令性	法律实证主义认为法律源于某一特定法律体系中的"主权者"或统治者的命令，尤其反映在奥斯丁对边沁作品的改进上（见命令）。
归　纳	指一种推理过程，其中必然能够从一组一般前提中得出一个特定的结论。
直觉主义	人们的良知使他们辨别善恶、是非，从而本能地知道如何去做。
法理学	法学或法哲学，可通过诸如历史的、批判的、社会学的、经济的等描述进一步加以具体化和限定。
正　义	决定行为公平与否的道德原则。
法　律	一套行为规则或规范，允许或防止特定的行为或主体（法人或自然人）之间的关系，根据所考虑事项的类型，给予相应惩罚（刑事）和补救（民事）。
法律道德主义	可以合理地使用法律来阻止违背社会集体道德观的行为，不管这种行为是否有害（德弗林勋爵）。
法律家长主义	法律可以强迫人们为自己的利益而做某些事，例如系安全带或戴安全帽，从而会干涉他们的人身自由。

续表

自由主义	信仰自由意志理论，或强调保护基本个人自由而非社会集体自由的法哲学方法。
唯物主义	卡尔·马克思论述了历史唯物主义和辩证唯物主义的双重思想，认为社会物质条件推动着社会的发展和进步，并否定了一种观点，即认为更崇高的精神影响对人类可能非常重要。
形而上学	一种关于存在和认知的理论哲学，关于心灵的哲学，并且在通俗意义上是一种抽象的或微妙的讨论，又或者仅仅是一种纯粹的理论。
道 德	它是自然法和法律实证主义在法理学进路上产生根本区别的根源，涉及一种关于对与错的区分，自然法论者要求它是法律的一个内在要素，而实证主义者认为它在逻辑上和客观上是独立的。
道德哲学	传统的道德研究，即人类力求判断何谓对错的过程。
规范法理学	考虑法律应该是什么，从而涉及对客观标准的评价，以及寻求一种道德要素或善。
规 范	在特定的法律体系中，社会行为标准通常是可以接受的，但汉斯·凯尔森在更技术性的意义上将其用作对官员实施次级制裁的适当指令，它是由一项证成此种制裁的初级规范所催生的（第4.6节）。
行政官员	指执行国家意志之人的总称，其含义比通常的英文的字面含义更广泛，例如包括司法、警察和监狱。
本体论	形而上学中有关事物本质或抽象存在的部分。

15

续表

重叠命题	该理论主张法律和道德概念之间存在必然关系，即在离开道德的情况下将无法解释法律（重要的支持者是阿奎那和布莱克斯通）。
谱系命题	参见社会事实命题。
哲　学	对存在、知识和正确行为、制度或思想流派的理性调查，因此它可以包括： ·考虑和分析客观现象的分析法学； ·审查和评估法律制度之可欲性的规范法学。
政策和原则	政策表达的是在社会内部所欲实现的理想法律目标，但在可能发生冲突的情况下，这些目标可以被原则推翻，例如： ·当潜在受益人为了提前占有遗嘱人的遗产而谋杀遗嘱人时，继承人能够继承的政策可能会被推翻［*R v Sigsworth*（1935）Ch 89］； ·在一个案件［*R v Allen*（1872）LR 1 CCR 367］中，已婚被告再次"结婚"，并辩称其不可能犯重婚罪，因为第二次"结婚"是非法的，但在第二个场合里坚持所要求的法律原则被视为"已经经过了一个婚姻仪式"。
惩　罚	惩罚的目标可以是（有些重叠）： ·报应； ·威慑； ·预防性； ·保护性； ·恢复性； ·赔偿损失。

16

续表

理性主义	这种学说认为理性而非经验是规范道德和引导行为的适当基础（与经验主义相对）。
相对主义	在批判性意义上，认为所有的观点都同样有效，或所有的道德都同等为善，换句话说，这意味着在文化或伦理相对主义中要尊重那些不同于自己信仰的信仰。
修　辞	一种说理的艺术，或令人印象深刻的说话或写作艺术，其旨在使用一定的语言去说服或打动他人。
制　裁	在法律实证主义理论中，痛苦、折磨、不利后果或惩罚，被认为是说服人们遵守法律的动机，例如： ·罚款； ·监禁； ·社区服务； ·赔偿。
社会事实命题	法律效力是社会事实在法律实证主义中的一个重要功能，也称"谱系论"。
社会法学	一种将法律视为某种社会现象的理论进路，涉及对法律的起源、运作及其对社会影响的考察。
三段论	一种演绎推理，逻辑结论由两个命题（大前提和小前提）推导而出（见第 1.1.4.3 节，并与第 1.1.4.4 节和第 6.3.8 节比较）。
目的论	源于古希腊思想，系对自然之中设计或目的的证据所进行的哲学研究，人们认为通过某种目的可以得出必然的结论。

17

续表

功利主义	杰里米·边沁和约翰·密尔提出的"为最大多数人谋求最大利益"的伦理理论，认为美德的标准是效用，可具体分为： ·总体的或古典的； ·平均值； ·行为； ·实际规则； ·理想规则。

第2章 自然法

希腊人：早期古典自然主义：苏格拉底（Socrates）、柏拉图（Plato）和亚里士多德（Aristotle）；智者学派（Sophists）、斯多葛派（Stoics）等	
	罗马人：法典和雄辩家：西塞罗（Cicero）、盖尤斯（Gaius）和查士丁尼（Justinian）
基督徒：奥古斯丁和阿奎那：上帝所赐之自然法	
	世俗主义者：格劳秀斯（Grotius）与普芬道夫（Pufendorf）：人道主义与国际法的成长
英国经验主义者：经验、归纳与或然性	
	大陆理性主义者：理性、演绎与必然性
伊曼努尔·康德：绝对命令	
	古斯塔夫·拉德布鲁赫：联结自然法与法律实证主义的公式
朗·富勒：法律的内在道德性：八项原则	
	约翰·菲尼斯：七种关乎人生的基本善和价值

2.1　希腊人：早期古典自然主义

2.1.1　苏格拉底、柏拉图与亚里士多德

1. 苏格拉底、柏拉图和亚里士多德可能是最著名的早期希腊哲学家。他们的目标是研究他们所感知到的事物的本性；他们认为永恒不变的本性是最为重要和至高无上的。

2. 苏格拉底（公元前469—399）并无任何文字作品留存，流传下来的只是通过柏拉图所间接传达的思想。苏格拉底相信：

   （a）本能不足以解释人性；

   （b）一定有种更高的力量，他认为是理智或智慧；

   （c）无人有意作恶，如果一个人行为不好，那只是出于无知；

   （d）美德（virtue）属于知识，人在生活中所做的一切都应当是明智的。

3. 柏拉图（公元前427—347）是苏格拉底的门徒。他将自己的思想和信念发展为所谓的柏拉图主义理念论（Platonic ideal）：

   （a）世界上坚实的事物体现在知识领域；

   （b）正义体现在"秩序"（order）或和谐（harmony）的理念中；

   （c）希腊社会的秩序是：

   ■ 守护者或统治者；

■ 军队；

■ 工匠或工人。

(d) 这反过来体现在人类灵魂的三个部分：

■ 理性；

■ 欲望；

■ 激情。

4. 在他伟大的对话体著作《理想国》(*The Republic*) 中，柏拉图用不同人物来代表不同观点，提问他老师苏格拉底问过的那种问题（因此是"苏格拉底式"的问答式教学法）。

5. 亚里士多德（公元前 384—320）认为：

(a) 事物的本性就是它的目的。他着眼于人性寻找哲学问题的答案。

(b) 人类通过了解自己的本性来获得知识，正如这句格言（格言即原则的概括总结）所表述的："认识你自己"(*Know Thyself*)。

6. 他还著有《伦理学》(*Ethics*) 和《政治学》(*Politics*)。它们基于一个基本前提，即所有人都是为了某种善 (good) 而行动的，他们的人生目的都是行善。

7. 他写下了四种"因"(causes)：

(a) 质料因 (matter)；

(b) 形式因 (form)；

(c) 动力因 (agent)；

(d) 目的因 (end)。

8. 他说的"目的因"是指人以人性的形式建立的全部活动，以及通过实现个人的全面发展来取得成就的需要。

2.1.2 希腊的其他运动与思想

1. 智者派更喜欢使用论辩或修辞，而不是详细的知识理论。因此他们发展和完善了说服的艺术，成为著名的雄辩家。例如：

   ▨ 阿布德拉的普罗塔戈拉（Protagoras of Abdera）；

   ▨ 凯奥斯的普罗迪科斯（Prodicus of Ceos）；

   ▨ 埃利斯的希皮亚斯（Hippias of Elis）；

   ▨ 雷昂底恩的高尔吉亚（Gorgias of Leontini），他说他不需要真正了解某个主题，就可以回答关于它的问题。

2. 在柏拉图的时代，人们已经对智者产生了偏见；到了亚里士多德的时代，这个词已经变成了一种滥用的术语。

3. 斯多葛派发展了一种自然法理论，该理论以柏拉图和亚里士多德的某些思想为基础，认为自然法是：

   （a）与自然相符的正确理由；

   （b）普遍适用，不变而持久；

   （c）不可废除；

   （d）不可改变，而且试图改变将是有罪的。

4. 他们理想中的人是在理性指引中生活的人，是当时已知世界的公民，他们生活在家中，跟生活在波斯

（伊朗）、希腊化（希腊）或罗马文明中并无不同，特别是：

（a）相信他们的神与自然的力量是一致的；

（b）宽容崇拜其他神灵的人（泛神论）；

21

（c）是科学家，他们相信宇宙是按照神圣的理性设计的，并受神圣的天意支配，人类的目的是按照自然法过上好生活；

（d）具有敏锐的责任感，这一责任感后来体现在罗马人的理想中。

5. 怀疑论者以皮罗（Pyrrho，约公元前 365—275）为代表。他们认为真正了解事物是不可能的。

6. 伊壁鸠鲁派的名字来自伊壁鸠鲁（Epicurus，公元前 341—270）。他们认为至高之善是寻求乐趣或摆脱痛苦，这一哲学在 19 世纪的功利主义运动理念中得到了体现（第 6 章）。

2.2　罗马人

1. 罗马人对适应和发展希腊人的思想非常感兴趣，以造福于不断扩张的罗马帝国，因为：

（a）人们普遍相信某种普遍存在的"自然"（因此被暗示为普世）的法；

（b）罗马人征服了大部分已知世界，因此他们可以在任何地方以尽可能多的罗马风格执行法律。

2. 他们发展了许多想法，包括：

（a）自然法（*ius naturae*），与今人所说的自然法

（the law of nature）几乎相同，意为自然理性
所支持的法律，亦即它也应该是适用于所有国
家的法律，因此是对万民法的支持；

（b）万民法（*ius gentium*），即各民族共有的法
（the law of nations），用来描述罗马人发现的不
同国家所共有的法律，而不仅是其自己城市的
法律。这一术语也以另一种含义使用，指同时
适用于公民和外国人的法律；

（c）市民法（*ius civile*），罗马私法的主体，最初仅
适用于罗马公民。

3. 阿皮努姆的西塞罗（公元前 106—43）在《国家
篇》（*De Republica*）中说：

（a）真正的法律是与本性相合的正确的理性；它是
普遍适用的、不变的和永恒的；

（b）试图去改变这种法律是一种罪孽，也不许试图
废除它的任何部分，并且也不可能完全废
除它；

（c）因此，即使是在不同的物质和人文环境中，所
有人在该法律面前都可能有理智和理解上的
平等。

4. 西塞罗将普遍的自然法指导人类行为的斯多葛派思
想与怀疑论者的心理态度相结合，从而使希腊传统
（他对之表示敬意）与罗马传统相适应。他因此受
到赞誉。

5. 马可·奥勒留（Marcus Aurelius，121—180）遵循

斯多葛派传统。他改革法律以消除其中的矛盾和恶劣后果，造福未成年人、妇女和奴隶，也因此受到赞誉。

6. 盖尤斯（130—180）是萨宾学派（Sabinian school）的法学家。他在 161 年左右写下的《法学阶梯》（*Institutes*），尽管当时并不出名，后来却被人出于多种目的、以多种方式使用：

（a）作为清楚地解释了法律的学生教科书；

（b）作为将法律分为三个部分或部门的系统模型，其中包括：

■ 人（persons）；

■ 物（things）；

■ 诉讼（actions）。

（c）几百年后由查士丁尼作为他的《法学阶梯》的基础。

7. 查士丁尼（527—565）因许多重要且有影响力的法律著作而被人铭记，他：

（a）组织和汇集了所有的皇帝敕令（imperial statutes），形成了一个全面的《查士丁尼法典》（*Codex Constitutionum*）；

（b）将其他罗马法学家的著作汇编为《学说汇纂》（*Digesta or Pandecta*）；

（c）写了一本名为《法学阶梯》的学生教科书；

（d）颁布了以《新律》（*Novellae*）为标题的新法律。

2.3　早期经院自然法

2.3.1　圣奥古斯丁：一个延续的传统

1. 试图理解早期法理学思想的一个问题是，书面资料缺乏连续性。但这一传统仍在延续和发展。即使这些联系并不总是容易追踪，它们仍然存在。 23

2. 罗马帝国灭亡前后，基督教的影响逐渐扩大并在已知世界传播。只要用一个至高无上的存在取代多神的古典泛神论思想，许多古典自然法哲学都可以在经过改编后适用于大公教会。

3. 希波的圣奥古斯丁（354—430）是其中最伟大的主教和哲学家之一，著有《忏悔录》（*Confessions*）及《更正篇》（*Retractations*），《论自由意志》（*On Free Will*）和《上帝之城》（*The City of God*）。

4. 作为一名天主教神学家，他能够将柏拉图哲学与天启的教义（revealed dogma）融为一体，但在二者发生冲突的地方都强调基督教，这被称为"基督教柏拉图主义"（Christian Platonism）。

5. 在《上帝之城》中，他试图展示人类与邪恶作斗争的过程。在这个过程中，历史被好人和缺德的人拉往相反的方向。

6. 因此，最高或永恒的法律是上帝的旨意，而人类的实在法是一种低级的法律，其目的仅仅是控制人。

7. 1140 年，天主教会汇集了一版教会法，提供了中世纪早期的自然法的概念［即《格兰西教会法汇要》(*the Decretum Gratiani*)，这是《教会法大全》(*Corpus Iuris Canonici*) 中最早的教会法汇编］。

8. 他们认为，人类受两种法律的统治，即自然法和习俗 (custom)，自然法是《圣经》和《福音书》中包含的法律。

9. 这种基督教化的自然法概念构成了 5 世纪以后中世纪法理学信念的主要基础，在西方世界中或多或少地不受挑战。直到中世纪以后，启蒙运动（第 3.3 节）和宗教改革（Reformation）的思想发展，才导致对公认之信念的严重反对和质疑。

24

2.3.2　圣托马斯·阿奎那

1. 在第二个千年的早期，圣托马斯·阿奎那（1225—1274）可能是基督教自然法（托马斯主义哲学）的主要代表人物。他在其著作《神学大全》(*Summa Theologica*) 中解释了这一思想。

2. 他将法律分为四类：

   (a) 永恒法，由只有上帝才能理解的神圣理性组成，构成了他无限且不可知的普遍总体计划；

   (b) 自然法，是人类能够通过运用理性而认识的，是人类对上帝永恒目的的参与；

   (c) 神法，是从圣经中学到的、上帝赐予人类的法律；

   (d) 人法，即暂时的权威为了其总体利益而对臣民施加的法律，这些法律：

- 旨在处理世界的现实；

- 为了使人们保持秩序并惩罚犯罪；

- 基于管理各种需要被控制的法律关系的必要；

- 大约 6 个世纪以后将成为边沁和奥斯丁的实在法命令理论、哈特基于规则的理论以及法律实证主义先驱在 20 世纪的其他发展的主题。

3. 对于阿奎那来说，法律是由拥有政府权力的人为了共同体的利益而制定并颁布或公布的理性规则。这催生了实证主义因素。

4. 他的道德法（moral law）思想可以被描述为一种普遍的原则，即所有的有限存在都通过其潜能的发展而走向最终目的。这有时被称为"基督教亚里士多德主义"。

2.4 世俗自然法

2.4.1 延续与变革

1. 对于在 13 世纪后发展自然法理论的学者和哲学家，要全都一一找到并准确道来是不现实的，理由有很多：

（a）宗教版本和世俗版本的自然法理论差别很大；

25

（b）从希腊到罗马再到早期基督教的单一发展脉络

后来分裂为许多派系;

(c) 从早期希腊到现在,涉及的时间范围涵盖大约 2500 年。

2. 自然法在考虑正当的法律体系的基本条件时,坚持将宗教(及其所寓意的道德)与法律结合起来。随着几个世纪的过去,这一主题的范围不断扩大。

3. 在 16—18 世纪讨论过自然法和相关哲学的作家中,较有影响力的有:

■ 胡果·格劳秀斯(1583—1645)(第 2.4.2 节);

■ 塞缪尔·冯·普芬道夫男爵(Baron Samuel von Pufendorf,1632—1694)(第 2.4.3 节);

■ 约翰·洛克(John Locke,1632—1704)(第 3.1.3 节);

■ 让·雅克·卢梭(1712—1788)(第 3.2.4 节);

■ 威廉·布莱克斯通爵士(1723—1780)(第 2.4.4 节);

■ 伊曼努尔·康德(1724—1804)(第 2.4.5 节)(主要是位道德自由主义哲学家,但关于自然法也论述很多);

■ 托马斯·潘恩(Thomas Paine,1737—1809)(更多的是自然权利学说而非自然法理论的早期代表)。

4. 从第 3 章可以看出,大陆理性主义者和英国经验主义者都持有广泛的基于自然法的信念,他们的不同之处在于对知识的态度和得出的结论。

2.4.2 格劳秀斯

1. 胡果·格劳秀斯（1583—1645），公认的国际法奠基人之一，但在自然法思想的发展中也发挥了深远影响。

2. 他的贡献是打破了一种联系，这种联系坚持认为上帝（在他的例子中是加尔文主义的上帝）是伦理和道德的必要和唯一来源。因此，一言以蔽之，格劳秀斯的自然法是基于人类本性的，而不是基于任何宗教的。

3. 他在这些影响深远的著作中阐述了一些原则：

   （a）《论海洋自由》（*Freedom of the Seas*，1609），如标题所示，主题是海洋不属于任何人或任何国家； 26

   （b）《战争与和平法》（*On the Law of War and Peace*，1625），借鉴了早期西班牙哲学家弗朗西斯科·德维托利亚（Francisco de Vitoria，1483—1546）和弗朗西斯科·苏亚雷斯（Francisco Suarez，1548—1617）的思想。

4. 在某些方面，格劳秀斯对自然法思想的发展反映了罗马人的思想。他的法律哲学博采众家，涉及：

   （a）世俗和神圣的考虑；

   （b）战争与和平的影响；

   （c）贸易和维护海洋自由的必要性。

5. 他区分了初级自然法和次级自然法（primary and

secondary laws of nature），很有可能反映了阿奎那的思想：

(a) 初级自然法是那些完全表达上帝意志的；

(b) 次级自然法是构成人类理性行为准则的。

6. 他对法律本质的大部分考量，其背景都是因为他对国际法、战争和争端解决的兴趣。他认为可以通过以下方式解决这些争端：

(a) 对手之间的谈判；

(b) 妥协，或者说是和解；

(c) 对抗，或者说是让命运决定结果；

(d) 司法，这是解决争端所需的重要因素，带来了和平的良知。

7. 他坚持法律和道德之间存在着密切的关系，这影响了后来的作家，诸如普芬道夫、布莱克斯通和洛克，例如洛克于 1689 年出版的《政府论》（*Two Treatises on Civil Government*）。

2.4.3　普芬道夫

1. 塞缪尔·冯·普芬道夫（1632—1694）是德国法学家和历史学家，他像格劳秀斯一样研究国际法，并认为国际法：

(a) 不应被视为人为施加的实在法；

(b) 是自然法，基于人类是社会动物；

(c) 植根于这样的思想，即国家之间的自然关系应该是和平，因此战争只能不得已而用之。

2. 他还将世俗而不是宗教放在法律权威的首位，这反
   映了格劳秀斯的影响，预示了此后教会和国家在德
   国的运作方式。

2.4.4　布莱克斯通

1. 威廉·布莱克斯通爵士（1723—1780）与约翰·洛
   克（第 3.1.3 节）一道，使许多自然法思想从欧洲
   大陆传到了英国，然后又传到了美国。这应当归功
   于他的《英国法释义》（*Commentaries on the Laws of
   England*，1765—1769）。

2. 他的基本规划是全面介绍普通法，但间接地影响了
   法律教育和对自然权利的主张。他的自然法观念是
   宗教性的，而不是世俗的或人文主义的。

3. 托马斯·杰斐逊（Thomas Jefferson）在《美国独立
   宣言》(the American Declaration of Independence) 中
   运用了这些思想，之后还将其纳入《美国宪法》。
   他用这个短语将两者联结起来——"自然及自然之
   神的法"（1776）。

4. 这种融合见于他所使用的这些雄辩而令人信服的
   措辞：
   （a）这些真理是不证自明的；
   （b）人人生而平等；
   （c）他们拥有若干不可剥夺的天赋权利；
   （d）生命权、自由权和追求幸福的权利。

5. 布莱克斯通对这些想法的贡献出现在他的《英国法

释义》中。其中有关于人身安全的文章，其内容包括：

(a) 享有生命、四肢、身体、健康和声誉；

(b) 这是上帝的恩赐；

(c) 这是每个人天生固有的权利。

6. 布莱克斯通的自然法信念的要素也反映在法律实践的其他领域，例如：

■ 税收；

■ 财产权；

■ 自卫（美国拥有武器的权利，他们认为这是自由的基本组成要素）。

7. 应当强调的是，布莱克斯通基本上反对美国的起义，他从 1761 年至 1770 年担任君主制国会的议员。尽管如此，为争取自由而斗争的人确实采纳和适用了他的自然主义普通法著作。

2.4.5 康 德

1. 伊曼努尔·康德（1724—1804），是古希腊以来世界上最伟大的思想家之一，他从古典自然法和宗教自然法学者的发展和对比中指出：

(a) 人凭其人性本来就享有的唯一权利是自由，即不受任何其他人意志的限制；

(b) 只要尊重他人的自由，行为就是正确的；

(c) 取得和拥有财产，应征得普遍同意 [这与洛克不同，洛克认为无主财产（vacant property）的所有权可以通过劳动"混合"（mixing）来获得〕。

2. 康德认为，经验主义和理性主义的实质主张和方法论（参见第 3 章）是错误的，因为他们试图避开人类的心灵而获取世界的知识：

   （a）经验主义者基于对感觉的信念，这是后验推理（*a posteriori* reasoning）；

   （b）理性主义者使用先验推理（*a priori* reasoning），而不是依靠经验得出结论。

3. 他的批判哲学见于他的《纯粹理性批判》（*Critique of Pure Reason*，1781）、《实践理性批判》（*Critique of Practical Reason*，1788）和《道德形而上学》（*Metaphysics of Ethics*，1797）。其中，《纯粹理性批判》探讨了人类知识的基础和范畴。

4. 考察命题的一种方法是将其划分为：

   （a）分析命题（analytic），即不证自明的，仅研究所讨论的主题就可以得到真理；

   （b）综合命题（synthetic），即无法通过纯粹分析得出的东西，因此需要经验输入。

5. 第二种划分方式是：

   （a）经验命题（empirical），即取决于人类感官感知的命题；

   （b）先验命题（*a priori*），即不需要这种感知的命题。

6. 康德在道德观念上有着更多的思考。他认为行动应由理性指导下的责任感所决定。这导致了两类命令：

(a) 假言命令（hypothetical imperative），基于特定的目的或目标而采取的行动；

29

(b) 绝对命令（categorical imperative），这是人类道德的基础，应该为法律提供依据。

■ "命令"（imperative）是指指令（command）或指示（instruction）；

■ "绝对"（categorical）是指不得有任何例外（exceptions）或免于适用该命令的方式。

7. 对于试图决定什么行为才是正当的人来说，绝对命令是：

(a) "要只按照你同时能够愿意它成为一个普遍法则的那个准则去行动"；

(b) 因此手段永远无法证成目的；

(c) 做正确的事是一个人的道德义务。这仅仅是因为这是这个人的道德义务，而不是因为这个人相信这是正确的或最令人愉快的。

8. 作为一个哲学家，康德具有巨大的影响力。他改变和发展了早期论辩的用语，并对黑格尔产生了巨大影响，而黑格尔反过来又影响了马克思（第8章）。

2.5 衰落与复兴

2.5.1 19 世纪至 20 世纪

1. 在 19 世纪，自然法运动的支配力显著下降。这基本上是因为其他学说的影响力增长所致，例如：
   - 杰里米·边沁（1748—1832），他为彻底改革法律而斗争，并提出了功利主义；
   - 约翰·奥斯丁（1790—1859），他将边沁的思想系统地发展为法律实证主义（见第 4 章），并更具体地阐述了命令理论（the command theory）；
   - 约翰·斯图尔特·密尔（1806—1873），在贯彻功利主义方面非常有影响力；
   - 维多利亚时代其他有影响力的哲学家和作家，例如托马斯·卡莱尔（Thomas Carlyle）和马修·阿诺德（Matthew Arnold）。

2. 然而，自然法的信念从未完全消失。既因为它与宗教信仰密切相关，也因为它坚持将法律与道德相结合。

3. 在 20 世纪，对自然法的兴趣有所恢复，代表人物是：
   - 古斯塔夫·拉德布鲁赫（1878—1949）（第 2.5.2 节）；
   - 朗·富勒（1902—1978）（第 2.5.3 和 2.5.4 节）；
   - 约翰·菲尼斯（1940—）（第 2.5.5 和 2.5.6 节）。

30

4. 自然法与法律实证主义之间，根据特定作者对信念的热情而有所不同：

   (a) 光谱的一端是那些似乎无法相信自然法之外的任何事物的人；

   (b) 另一端的人，则拒绝承认需要任何道德或宗教输入来使世俗法律体系有效，只要该世俗法律体系是合法安装和运行的；

   (c) 通过区分和定义特定的限制因素，可以将两者的元素结合在一起成为多种中间视角；

   (d) 例如，哈特基于规则的法律实证主义进路（第5章）和罗纳德·德沃金的"第三条道路"（第10章）。

5. 一种观点是，在20世纪，自然法的各个方面和准则已发展为人权。这一过程可以追溯到18世纪的美国革命和法国革命，而革命又起源于洛克、布莱克斯通、托马斯·潘恩等人。

2.5.2 拉德布鲁赫

1. 古斯塔夫·拉德布鲁赫，德国法学家，曾任魏玛共和国司法部长。第二次世界大战后，他与英国哲学家哈特进行了辩论，辩论的重点是自然法的含义。他们争论的问题是：

   (a) 法律是否与道德有必然联系？

   (b) 可以恰当地认为"邪恶"（纳粹）的法律是法律吗？

（c）如果法律是不道德的，或者在一定程度上"足够"不道德，那么如何将其视为有效（valid）？

（d）如果有可能将法律归类为"邪恶"或"错误"，又谈何服从法律呢？

2. 最极端的法律实证主义的倡导者认为，法律不可能是不道德的，因此它：

（a）始终必须遵守，这正当化了第三帝国［或现代缅甸或津巴布韦（Myanmar or Zimbabwe）］的法律；

（b）证立了纳粹立法和司法决定的合法性（legality）；

31

（c）还使得灭绝种族的国际战争罪以及纽伦堡和东京国际军事法庭的创立，因溯及既往（post hoc creation）而无效。

3. 拉德布鲁赫赞同这样的观点，那就是不能将"邪恶的"立法确认为法律，并向官员明确指出，服从上级命令不能作为辩护或证成他们行为的依据。

4. 哈特更关心实现概念上的完美，就像凯尔森一样——这种观点对潜在后果的关注较少。

5. 据说，鉴于法律实证主义的可怕后果达到了极端，拉德布鲁赫从战前的严格法律实证主义立场转变为接受了自然法的某些影响的立场。

6. 他的结论后来概括为拉德布鲁赫公式（*Radbruch'sche Formel* or Radbruch's formula）。该公式指出，有下列情形之一的，法官必须超越制定法：

(a) 制定法与正义之要求的矛盾达到不能容忍的地步；

(b) 制定法的制定方式故意否定了构成正义之核心的公平与平等。

7. 在具体实际实践中，第二次世界大战后，德国法院处理了一些牵涉棘手问题的案件，其解决方式跟德沃金后来提出的思路一致。例如：

(a) 一名妇女向纳粹当局告发了她丈夫对希特勒不满的言论，试图使她丈夫被处决。她丈夫被纳粹根据 1934 年和 1938 年的反煽动法律起诉，但后来被送到东部战线，最后幸存下来。

(b) 她被判有罪，理由是根据 1871 年《德国刑法典》（German Penal Code），她犯了非法剥夺他人自由罪。

8. 自然法的概念在 20 世纪的复兴，有很多不同的原因：

(a) 在辩论日趋成熟，变得更加复杂和老练的同时，界限也变得模糊；

(b) 自然法被确定为自然权利，尤其是在第二次世界大战的暴行所导致的人权运动兴起之后；

(c) 哈特后来又与朗·富勒和德弗林勋爵辩论了法律和道德的关系。

2.5.3 富勒论法律的内在道德性

1. 朗·富勒（1902—1978）处于纯粹的法律实证主义

与自然法之间的中间地带：

(a) 反对法律实证主义，并批评凯尔森、哈特和德
沃金；

(b) 在《法律的道德性》(*The Morality of Law*,
1964) 中提倡一种"世俗自然法"；

(c) 就以下方面，与哈特辩论法律与道德的关系：

　　■ 法律的本质；

　　■ 法律语言的含义；

　　■ 邪恶或者不道德的法律是否可以适当地视为
　　　法律的问题。

2. 富勒提出法律存在内在道德性或秩序，而哈特则认
为法律与道德是分离的。

3. 从哈特的立场看（尽管他在某种程度上限定了这一
点），即使不道德的法律体系也可以是有效的；一
个合法政权 (legitimate regime) 正式通过的极端种
族主义、性别歧视或其他歧视性法律，依然必须根
据事实 (*ipso facto*) 而被视为合法。

4. 富勒认为，第二次世界大战后，法院可以合法地裁
定纳粹法律在某些方面是非法的，因为法律体系的
内容和运行不能与道德完全脱节。

5. 因此，富勒认为需要一些理由将法律与道德联系起
来（例如，通过事后制定的灭绝种族罪惩罚纳粹；
虽然根据第三帝国法律，纳粹的行为即使在道德上
一直是令人不满意和不可接受的，也并不是非法
的）。

6. 对法律体系的需求，是制定与社会的道德目标相一致的规则，来管理人们的行为。这导致了他所谓的"法律的内在道德性"（the inner morality of law）。这些道德性是法律体系内在的（internal），因为它们是其背后的道德之必要的、内在的适用。

2.5.4 富勒的八项原则

1. 他的这些思想被概括为八项原则：

    （a）必须有以通用术语表述的已知且持续的行为规则，而非随机的命令或指示；

    （b）规则不得溯及既往。只要行为当时并非错误或不合法的，如果事后将之视为犯罪或违法行为，而加以惩罚或使之遭受不利，将是错误的；

    （c）公开规则至关重要，以便人们事先知道规则是什么以及对他们的要求；

    （d）规则必须明白易懂，以易于理解的术语表达，因此规则的含义必须清楚、明显和明确；

    （e）规则应一致且不自相矛盾；

    （f）规则必须可能被人遵守，因为公众所无法遵守的法律是没有意义的；

    （g）这也意味着法律应尽可能恒常，因为规则的频繁变更会导致不确定性，以及难以遵守；

    （h）对规则的执行应当一致，适用和强制实施规则的官员有义务以符合法律的内容的方式行事。

2. 只有包含了这些原则的内容，一套规则才能被适当

地视为构成了法律体系。正是这一点使这些原则成
为法律体系的"内在"原则。

3. 这些要求是愿望性的，法律体系运行的好坏，取决
于它们重视所有这些原则的程度。

4. 哈特等反对富勒的人则辩称，原则不必本身就是
"道德的"。但对于富勒来说，一个背后有这些原则
驱动的法律体系无论如何都将是一个道德的法律
体系。

2.5.5 富勒的程序自然主义

1. 他的思想起初源于解决诸如第三帝国这样表面合法
的政权所导致的偶发问题，但提出了关于法律体系
的程序性和功能的更一般性的问题，其特点是"程
序自然主义"（procedural naturalism）。

2. 一个前提是区分"愿望"（aspiration）的道德（追 34
求卓越、最大限度地实现人类能力或最大目标，参
见柏拉图）和"义务"（duty）的道德（治理一个
可独立运转的社会的基本规则或最低标准）。

3. 不符合第 2.5.4 节中所确立之标准的法律是失败
的。因此，将犹太人身份定为非法的《纽伦堡法
案》（Nuremburg Laws），本质上就不可能是有效的
法律，也不能是其臣民不知道的法律。不过，在某
些情况下可能会出现例外情况，例如溯及既往的法
律是不可欲的，但有时是有效的。

4. 在关注道德与法律的关系时，富勒的一种技巧是使

用故事或"议论态度"来突出不同的观点。例如，在"洞穴奇案"（Speluncean Explorers）中，他假想了一个同类相食的案件［类似于 *R v Dudley and Stephens*（1884）14 QBD 273 DC］。在这个故事中，他让不同的法官采取不同的态度，诸如实践智慧（practical wisdom）、文义解释（literal interpretation）或是否应宽恕。

5. 总之，富勒立场可以概括为："……（他）可以说是从准自然主义者的视角对实证的形式主义（positive formalism）做了有趣而重要的批判。但是从主流的自然主义思想的视角来看，他的理论仍然有点边缘。"（H. McCoubrey，*The Development of Naturalist Legal Theory*，London：Croom Helm，1987，p. 179.）

2.5.6 菲尼斯论基本价值和原则

1. 约翰·菲尼斯（1940—）在《自然法与自然权利》（*Natural Law and Natural Rights*，1980）中阐述了他认为最基本的：

   （a）人生的价值；

   （b）所有实践推理的原则。

2. 这基于他对如下论题的考虑：

   （a）这些价值和原则是如何影响行动的正当理由，以及对人类行为的全面描述；

   （b）这些基本价值观在什么意义上是不证自明

（self-evident）的。

3. 他确定的基本价值观是：

（a）生命（life）：

■ 对应于自我保存的驱动；

■ 代表生命活力的各个方面；

■ 包括大脑健康以及免受疼痛和伤害。

（b）思辨性知识（speculative knowledge）：　35

■ 本身就是可欲的；

■ 并非达致目的的手段。

（c）游憩（play），出于自身目的而享受，除此之外没有意义，它们可以是：

■ 单独的或社交的；

■ 脑力的或体力的；

■ 剧烈的或放松的；

■ 结构紧凑的或相对随意的；

■ 传统的或有其独特模式的。

（d）审美体验（aesthetic experience），包含了游憩之外的要素：

■ 从外部形式或内部体验中寻找美，或

■ 通过以有意义或令人满意的形式创作某些作品而产生。

（e）社交（sociability）［或友谊（friendship）］，为了朋友的目的和福祉，而不是为了自己。

（f）实践合理性（practical reasonableness），运用智慧选择自己的行为和生活方式，并塑造自己的性格，因此需要复杂的价值观且涉及：

- 评价、偏好和希望；
- 自主；
- 自由与理性；
- 整全性（integrity）和本真性（authenticity）。

(g) 宗教，涉及其他基本但无常（transient）之善（goods）和宇宙永恒（cosmic eternity）的关系。

4. 菲尼斯竭力解释：

(a)"基本善"（basic goods）并不是道德上的善；

(b) 还有其他许多的善，但经分析发现，它们都是追求他最初列出的清单中的七种善的方式，或是七者的组合；

(c) 还有其他一些非基本价值的德性，例如勇气和慷慨，但都只是追求或不追求基本善的方式；

(d) 所有的基本善都是同等基本的，没有优先顺序。

36

2.5.7 自然法与自然权利

1. 在《自然法与自然权利》中，菲尼斯还考虑了其他许多重要之事，包括：

(a) 正义；

(b) 权利；

(c) 权威；

(d) 法律；

(e) 义务。

2. 他说，他的正义概念包含三个要素：

(a) 以他人为导向，涉及与某人的关系，或者与他人的交往；

(b) 义务，即亏欠或者应当给予他人什么，与他人享有的权利相对应；

(c) 平等，但是在比例的意义上而不是在算术意义上。

3. 他也部分地阐明了他的正义理论不是什么。不像哈特，他的理论不局限于：

(a) 类似情况类似对待，不同情况不同对待；

(b) 基本社会制度；

(c) 理想的社会状况，即每个人都完全遵守正义的原则和制度的状况。

4. 正义有三个重要方面：

(a) 普遍正义，实践合理性的基本要求的具体内涵；

(b) 分配正义，确保广泛意义上的资源的公平共享：

■ 机会；

■ 利润和优势；

■ 角色和职位；

■ 责任；

■ 税收和负担。

(c) 交换正义（commutative justice），由对次要问题的合理回应范围构成，这些问题考虑的是社群成员之福祉的需求。

5. 权利意味着人权，用菲尼斯的话说，人权是自然权利的现代用语，他在同一种意义上使用这两个术语。

37　6. 菲尼斯在《论法律实证主义的不融贯性》(*On the Incoherence of Legal Positivism*) 中指出，他欣赏实证主义的元素，同时又否认实证主义的整体有效性，因为实证主义无法解释法律的约束力。

2.5.8　富勒与菲尼斯的比较

富勒论八项原则	菲尼斯论基本价值
已知的行为规则——并非随机命令	生命，包括自我保存和健康
不得溯及既往——只要行为在实施时合法，惩罚就是错误的	思辨性知识，本身就是好的，而不是某种其他目的的手段
公开，以便人们知道对他们的要求	游憩，本身就是好的，有许多类型
易懂和明确	审美体验，不仅仅是游憩，例如艺术和创造性活动
一致且不自相矛盾	社交或友谊，强调尊重他人
可能被遵守——不能让人无法服从	实践合理性，发展智慧和其他品质
恒常——不能总是变更	宗教，无常的基本善与永恒的关系
公平执行	

第3章 经验主义、理性主义和启蒙运动 38

	经验主义		理性主义
英国传统	弗朗西斯·培根（Francis Bacon）	大陆传统	勒内·笛卡尔（Rene Descartes）
经验	托马斯·霍布斯（Thomas Hobbes）	理性	本尼迪克特·斯宾诺莎（Benedict Spinoza）
归纳	约翰·洛克	演绎	戈特弗里德·莱布尼茨（Gottfried Leibritz）
或然性	乔治·贝克莱（George Berkeley）大卫·休谟	必然性	让·雅克·卢梭
启蒙运动			
法律和政治理论的发展			
17、18世纪			

3.1　经验主义

3.1.1　英国传统

1. 受文艺复兴的影响，哲学家又倾向于关注人性和自然法，但与古典和中世纪思想家的做法不同。

2. 不再将注意力直接放在作为宇宙中心的上帝上，因为到那时人们已经知道地球本身也不是宇宙的中心。

3. 对于各种发现和材料科学的进步，以及物理学、天文学和数学知识的增加，人们对它们的兴趣日益增加。艾萨克·牛顿爵士（Sir Isaac Newton，1642—1727）对英国产生了深远的影响。

4. 由此产生的科学进步对法律哲学产生了相当大的方法论（*methodological*）影响，其重点主要转向收集经验数据。其前提是，如果这一方法论为纯科学产生了如此令人振奋的结果，它也可以适应于并发展法理学的社会哲学科学。

5. 不是用灵魂（soul）来提供人类如何运作的解释，而是用大脑中闪过的不断变化和发展的感知集合来提供，这与某种与大脑的联系有关。这种思想是人们对心理学的早期预期。

6. 这些都深受英国的影响，所采用的方法论是经验主义的，其主要特点和关键词是：

（a）经验；

（b）归纳；

（c）或然性。

7. 重要的英国经验主义者有：

■ 弗朗西斯·培根（1561—1626），他的《科学的新工具》（*Novum Organum Scientiarum*，1620）阐述了解释自然的归纳方法；

■ 托马斯·霍布斯（1561—1626），众所周知，他将人类的存在描述为"孤独、贫穷、肮脏、野蛮和短命的"（第 3.1.2 节）；

■ 约翰·洛克（1632—1704），其最著名的著作是《人类理解论》（*Essay Concerning Human Understanding*，1690），但他对政府和权利也很有影响；

■ 乔治·贝克莱（1685—1753），一生思想变迁很大，但他最终相信只有上帝、灵魂和人类心灵中的思想才是现实；

■ 大卫·休谟（1711—1776），著有《人性论》（*A Treatise of Human Nature*，1739—1740）。他解释说所有的思想都来自感官印象（sense impression），这被称为感官所反映出的事物的现象或表象（第 3.1.4 节）。

8. 在经验主义者中，最具影响力的或许是霍布斯、洛克和休谟。一个有趣的比较是，第 3.2 节中讨论的三位理性主义者影响了英国法理学，而这些英国哲学家反过来又对欧洲和美国产生了重大影响。

40

3.1.2　霍布斯

1. 托马斯·霍布斯（1588—1679）是一位哲学家。作为一名悲观主义者，他的人生观受到许多事情的影响：

   ■ 出生于西班牙无敌舰队试图征服英国的同一年；

   ■ 大部分人生处于令人沮丧的时期，包括英国内战；

   ■ 死于极度高龄。

2. 他受到伽利略永动（perpetual motion）思想的影响。他原本打算写一部关于科学、人和公民的全面论述，但由于他的政治观点而不得不逃到欧洲大陆。

3. 最终，他出版了他的重要著作《利维坦》（*Leviathan*，1651），该书扩展了他的早期著作《论公民》（*De Cive*，1642）中的思想。他认为：

   （a）人是自私和自利的，以牺牲他人为代价追求自己的利益；

   （b）在无知无识中追求这种自利会导致灾难；

   （c）处于自然状态的社会将否定任何可能的市民秩序或法治；

   （d）鉴于人类存在的这些特点，人类的生活必然"孤独、贫穷、肮脏、野蛮和短命"，是一场"一切人对一切人的战争"。

4. 不过，存在一些积极的平衡作用，包括以下事实：

   （a）人们拥有自然权利，即生存的愿望；

(b) 他们具有一定程度的理性或自然法性；

(c) 为了实现彼此的安全，必须放弃不惜一切代价为一个人的暴力行为辩护的生存权；

(d) 这会导致社会处于一种令人不安的、粗糙的平衡状态。

5. 因此，要保证稳定，需要一个"利维坦"（在他的语境中，利维坦是指一个具有强大能力、权力或财富的人或团体）。利维坦必须提供社会契约的基础，可能是：

(a) 绝对君主，或

(b) 民主议会。

6. 利维坦被公民赋予绝对权力，以换取和平与稳定。因此，既然权力是使法律正当化的唯一因素：

(a) 相比于支持某种形式的政府，反叛行为是错误的；

(b) 正义、道德、自由和财产等价值没有普遍的或永恒的意义，它们依赖于利维坦的政策；

(c) 国家永远是正确的，只要实现了它的首要目标，即稳定与保持和平。

7. 他认为存在 19 条自然法。他的讨论可以提炼为以下基本规则：

(a) 人应努力保持和平；

(b) 他们应准备放弃其大部分自然权利以换取保护；

(c) 通常，他们应该遵循"你愿意别人怎样待你，

    你也要怎样待人"的黄金法则（the golden
    rule）。

8. 总之，霍布斯的哲学包括：

- 自然法的面向；

- 社会契约的要素；

- 法律实证主义的一些观点，无视对道德、自由、正义等的需要；

- 功利性享乐主义的主张；

- 或许最重要，并且解释了其他问题的是，对当时的时代难题的务实回应，或者说是现实主义的早期形式；

- 与更乐观的法律思维传统形成了反差；

- 陷入哲学争论的论辩倾向，让人想起 20 世纪的哈特。

3.1.3　洛　克

1. 约翰·洛克（1632—1704），早年生活丰富多彩，偶尔行医、参与政治阴谋、实验科学、旅行，在为沙夫茨伯里伯爵（Earl of Shaftesbury）工作期间获得了丰富的政治经验，之后又担任高级行政官员，从而发展了他对政府的兴趣。

2. 他的自然权利哲学的要点是：

（a）存在一种尚未有组织的、良性的自然状态；

（b）需要社会契约或合同（参见第 3.2.4 节的卢梭），每个人都将自己交给社群；

（c）组织政府的方式是同意；

（d）人民保留抵抗暴政的权利（即反抗的权利，这一点后来完美地转化为了美国革命的目标）；

（e）通过"混合"或使用自己的劳动而获得的固有财产权。

3. 他对自然权利的表述是"生命、自由和财产"，而《美国独立宣言》则将之变为"生命、自由和追求幸福"。

4. 晚年出版了《政府论》（1689）和《人类理解论》（1690）。后者撰写了大约 20 年。

5. 《人类理解论》分为四个部分，分别论述：

■ 天赋原则，并阐明他不喜欢天赋原则的思想；

■ 观念；

■ 文字；

■ 知识。

6. 《政府论》与法律哲学关系更为密切，其目的是：

（a）驳斥君权神授的教义；

（b）为公民个人的自由和国家的权力找到调和的理由。

7. 虽然人并不是在自然状态下被统治的，但上帝的道德法则仍然存在，这意味着：

（a）由于资源的稀缺性，人们必须努力证明他们拥有财产的正当性，然后在政府的同意下持有这些财产；

（b）因此，政府是必要的，因为统治者和被统治者之间需要一种社会契约来取代每个人在自然状态下所拥有的自由；

43　　　（c）社会契约只授予政府有限的权力，授予政府权力的人民可以施加义务，并根据自己的选择撤回或修改社会契约。

3.1.4　休　谟

1. 大卫·休谟（1711—1776）特别令人感兴趣，因为他也许是最清楚地阐述了作为理解法律实证主义根源的"是/应当"（is/ought）问题的人（参见第1.1.4节）。

2. 他认为，我们从事物如何运作中获得的任何知识（即科学或可证明的事实的问题），都不能直接导致关于事物应当如何发展的行为或规范性结论，因为这样的结论将构成一种逻辑谬误。

3. 因为某物是什么并不意味着它应当或应该是什么。采取这种观点意味着他的哲学立场反对自然法所代表的大部分内容。

4. 休谟还否认道德判断和其他判断之间有任何区别。他所采取的强烈经验主义和怀疑主义的观点，后来在边沁的著作和奥斯丁的教导中得到发展和反映。

5. 《人性论》（1739—1740），追随培根和笛卡尔，对宗教和形而上学的偶像持怀疑态度。这些偶像被这些真理所取代：

　　（a）不能仅仅从纯粹的理性中得出真理；

（b）真理需要对经验自我的观察和体验。

6. 然而，相信"自我"（self）会导致印象和情绪的混乱，以及对身份的想象性感知。

7. 不管怎样，世界的事实确实是而且必须是，通过我们的感官来接受，而这些感官是我们自己的一部分。而因为刚才给出的理由，自我是不能被信任的。所以休谟说，这给我们留下了一种选择：

（a）陷入对一切事物的被动怀疑，面对世界上任何事情都承认自己的无能为力，这种承认是无济于事的，会导致紧张和社会崩溃，或

（b）使用一种常识性的进路，反映人类对日常生活的理解。

8. 为了做到这一点，有必要在传统中工作，因为所有的知识和事业都起源于传统，虽然这不会也不能导致绝对和确定的真理。我们只能使用传统的方法论，猜测真理和答案。

9. 所以，法治、道德、正义等品质都是我们历史传统和经验的结果。当有人提出诸如平等的观念等有吸引力的想法时，我们应当慢慢改变。

10. 结论是，我们要：

（a）通过收集经验性的事实，来寻找关于世界实际运作的知识；

（b）用它们来指导我们建设我们的社会，以及我们应该如何行事。

3.2 理性主义

3.2.1 大陆进路

1. 在欧洲大陆，人们正在走一条完全不同的道路，这条道路被称为"理性主义"。理性主义的追随者认为，获得知识的更适当和更可取的方法应该建立在理性基础上，而不是基于对经验数据的调查。

2. 据说，人类的理性（human reason）是在没有神启的帮助下工作的；而感官则被认为起了一定的帮助作用。

3. 这基于对如何运用科学的不同解释。因为，不论是在英国还是欧陆，激励这两种思潮的灵感，都来自纯粹和实际（与社会相反）的科学发展。

4. 与经验主义者的经验、归纳、或然性不同，理性主义者的关键词是：
   - 理性；
   - 演绎；
   - 必然性。

5. 重要的大陆理性主义者包括：
   - 勒内·笛卡尔（1596—1650）（第3.2.2节）；
   - 本尼迪克特（巴鲁赫）·斯宾诺莎（1632—1677），其著作《用几何方法证明的伦理学》（*Ethics Demonstrated in a Geometrical Manner*，1663）试图以欧几里得几何学的方式，为人类的其他知

45

识提供证明；

- 戈特弗里德·莱布尼茨（1646—1716）；
- 克里斯蒂安·沃尔夫（Christian Wolff，1676—1754）；
- 查理·孟德斯鸠男爵（Baron Charles Montesquieu，1689—1755）（第 3.2.3 节）；
- 让·雅克·卢梭（1712—1788）（第 3.2.4 节）。

6. 在理性主义者中，对英国法理学影响最大的三位也许是笛卡尔、孟德斯鸠和卢梭。

3.2.2　笛卡尔

1. 理性主义的一个基本信念是真理可以通过感官来觉察，勒内·笛卡尔（1596—1650）的名言"我思故我在"［*Cogito ergo sum*（I think therefore I am）］，概括了他的理性观念的核心。

2. 笛卡尔的形而上学二元论，体现在他的《第一哲学沉思录》（*Meditations*，1641）中：
   - （a）心灵和身体是由两类不同且相互独立的实体组成的；
   - （b）二者之间能够彼此产生因果作用。

3. 这意味着，世界中必须有：
   - （a）精神实体（思想物），指人类灵魂及其与上帝的关系；
   - （b）物质实体（广延物），指有形的世界。

4. 理性主义方法论涉及逻辑、数学和科学原理在哲学中的应用，例如：

■ 只有清楚明了的东西，才能视为真；

■ 应将问题分解并划分为组成部分，以便于分析；

■ 应首先考虑直截了当的想法，然后向复杂化发展；

■ 必须考虑问题的所有阶段，不得遗漏任何内容。

3.2.3 孟德斯鸠

1. 查理·孟德斯鸠男爵（1689—1755）在《论法的精神》（*The Spirit of the Laws*, 1748）中描述了实在法是如何建立在自然状态之上的。

2. 他认为自然正义是客观存在的事物，不依赖于人性。

3. 他效仿希腊人的观点，认为国家存在的理由（*raison d'être*），即其基本证成，是提供一个正义的制度，因此可以得出如下结论：

（a）自然法是理性的法则；

（b）实在法乃是适用自然法的具体实例；

（c）这就允许不同国家有各种不同的人为制定的法律。

4. 孟德斯鸠的四条自然法或多或少地是在反对托马斯·霍布斯对人类存在的描述（孤独、贫穷、肮脏、野蛮、短命），包括：

■ 和平；

■ 食物需求；

- 生殖的驱动力；
- 社交的驱动力。

5. 他还发展了分权的教义或理论，认为政府部门应分为：

（a）立法机关，即议会，法律的制定者；

（b）行政机关，即王室或政府，法律的建议者和执行者；

（c）司法机关，即法官，法律的解释者。

6. 分权是必要的，因为如果同一个人或同一群人，既负责执行和解释法律，也拥有制定法律的权力，就会产生暴政，而不可能有自由。

3.2.4　卢　梭

1. 让·雅克·卢梭（1712—1788）在他的早期著作中提出了社会驱动力（social drive）的概念。他抨击和批评了社会和文明的弊端，认为：

（a）基本上，居于自然状态的高贵野蛮人是好人；

（b）人们不幸福的原因是人为和腐败的社会。

2. 在《论科学与艺术》（*Discourse on the Arts and Sciences*，1750）中，他说，艺术和科学的进步对人类而言并不是一件好事，因为它使政府更强大，个人更不自由。

3. 在《论人类不平等的起源和基础》（*A Discourse on the Origin and Foundation of the Inequality of Mankind*，1755）一书中，他建议回到自然状态。

47

4. 在后来于 1762 年出版的《社会契约论》(*The Social Contract*) 中,他:

   (a) 某种程度上改变了他的观点,认为社会的发展是必要的,因为要克服自然状态中不可避免的粗糙和不公平的状况;

   (b) 他试图找到一种政治模式,在社会中维持自然状态的好处,即自由和平等。

5. 他的自然法更多地建立在人类的本能或情感上,而不是基于理性。在最初的自我保存本能之后,行为背后的驱动力是对其他人的同情之情。

6. 从中产生许多其他有益的价值,这些价值反映了 20 世纪的作家,如约翰·菲尼斯(第 2.5.5 和 2.5.6 节)者,所确定和期望的善:

   ■ 友谊;

   ■ 慷慨;

   ■ 人类自身本质上的积极特征。

7. 《社会契约论》(1762)著名的开场白,有时被错误地归于卡尔·马克思,总结了卢梭的哲学——"人生而自由,却无往不在枷锁之中"。

8. 然而,在其他方面,他确实预示了卡尔·马克思和弗里德里希·恩格斯(Friedrich Engels)的一些观点。他批评私有财产制度,并声称政府的目的应该是确保社会上每个人的公正、教育和平等。

9. 尽管如此,他的主旨还是建立在自然法上,强调自由和道德在政治和法律体系中的重要性。

3.3 启蒙运动

1. 大多数 17 世纪哲学家，无论是经验主义的还是理性主义的，都共享了许多重要的特点：

   (a) 他们对诸学科广泛感兴趣，而不仅局限于创作法理论；

   (b) 其中一些人在各自的社会中发挥了重要的现实作用，从而既在理论上产生了影响，也直接影响了人们的思想和行动；

   (c) 尽管生活在困难时期，他们仍然勇于并且通常毫无保留地，寻找和宣布他们所看到的真理；

   (d) 他们也有助于为后来在政治和法律方面的一些重要发展奠定基础，包括：

     - 18 世纪后半叶的法国和美国革命；

     - 重新发现和重申法律实证主义的脆弱教义，这一教义在先前著作中不时出现，而在 19 世纪发展成熟；

     - 人权是自然权利的继承者。他们的理论讨论为当前自由世界的人权图景提供了基础。

2. 他们构成了后中世纪法律哲学思想发展从启蒙运动和宗教改革到维多利亚时代和现代的重要延续，从而被证明为现代的起源或诞生。

3. 启蒙时代，有时被称为"理性时代"，起源于 1650—1700 年，于法国大革命时期和拿破仑（Napoleon）崛起初期的 1790 年至 1800 年间达到了顶峰。

4. 这些先驱包括英国人约翰·洛克（1632—1704）、艾萨克·牛顿（1643—1727），荷兰人巴鲁赫·斯宾诺莎（1632—1677）和法国人比埃尔·培尔（Pierre Bayle，1647—1706）。不过，这场运动的主要地点还是在法国，丹尼斯·狄德罗（Denis Diderot，1713—1784）出版了《百科全书》（*Encyclopedie*，1751—1772），其中收录了孟德斯鸠（1689—1755）和伏尔泰（Voltaire，1694—1778）等知识分子（启蒙哲学家）的贡献。

5. 很难低估这一运动的影响：它传播到欧洲和北美，影响了美国和法国的革命，康德把它描述为"……人类最终达到成年，脱离无知和错误的不成熟的心智状态"，以及运用自己理智的自由。

6. 启蒙运动没有一套明确的目的和目标，更多的是一套共享信念的集合，因此它的效果因国而异。不过，也有很多共同的因素，包括更多的经验思维方法和更严谨的科学方法。

7. 因此，总的来说，参加启蒙运动的知识分子倾向于克服无知、迷信、遗传的暴政和宗教的统治。但应该记住，这只是描述大约 17 世纪中叶至 19 世纪初这段时间的一种方式，这也是早期的工业时代和革命时代。

49

第 4 章　早期法律实证主义

奥古斯特·孔德
（Auguste Comte）：
人类法律发展分为三个阶段；
社会学和社会科学的发明；科学方法的发现

杰里米·边沁：
对自然法的功利主义式反驳；
独特语言的发展；复杂的理论法律体系

法律实证主义：
法律是人类所施加于社会之上的，拒绝将上帝和道德视为一个法体系不可或缺的要素

汉斯·凯尔森：
一种纯粹的法理论；防止其他社会规范的"浸染"以及基础规范

约翰·奥斯丁：
各种被限定的法律；适当的与非适当的法律；基于服从和主权者的法律；命令理论

4.1 法律实证主义与自然法

1. 自然法哲学流派将以下判准作为判断法律之效力的一般性指南：

   （a）参照宗教的或者道德的判准；

   （b）派生于主观信念而非客观资料的某些观念；

   （c）要求将一些额外的因素和考量纳入到讨论中。

2. 最纯粹版本的法律实证主义持有相反的观点，以至于它：

   （a）考察和评估一个法体系，基于其适用于某个特定社会的法律，即在一个有限的管辖权范围内来讨论；

   （b）只考虑被有效的人类机构所制定和运作的法律；

   （c）忽视道德判准；

   （d）仅仅是偶然地关注正义；

   （e）通过参考制裁、规则、原则和惯例来评估特定的国内法律；

   （f）被合法地安置和施加（这就是"实证主义"这个概念的出处，而非暗示消极的反面）。

3. 然而在实践中，诸多的法律实证主义式思维尽管仍然坚持认为法律和道德是两种不同且独特的概念，但是它们的确在暗地里接受在施行法律过程中道德因素的影响，其实践根据就在于如果法律与该社会中普遍被接受的道德相互背离，那么该法律也很难发挥作用。

4. 因此法律实证主义基于对道德相对主义原则的明示或默示的接受之上，这种原则：

   （a）确实并不承认存在绝对的人类道德和行为标准；

   （b）确实承认存在着文化、宗教、社会以及其他的差异。

5. 简单来说，道德相对主义认为：

   （a）并不存在一些适用于所有时期所有人的终极道德原则；

   （b）诸多的变异必然会以人们可理解的方式发生并证成信念和行为，这些变异源于（包括但不限于以下因素）：

   ■ 时光的流逝；

   ■ 其所处的社会和政治发展阶段；

   ■ 他们持有的宗教观念，或者缺乏这样的信念；

   ■ 一些实质性的考量，如财富、阶层和安全等。

   （c）这反映了希腊智者学派的观点，他们认为人是万物的尺度，对能否发现任何客观现实的东西表示怀疑。

6. 所以，在传统的自然法和法律实证主义理论背后，存在着两种宏大且迥异的人类生活观念，其中自然法理论：

   （a）依赖于一个对法律之本质的初步的直觉式的假设；

52

（b）从这个假设中得出结论，从而达致对那个本质的一个确定解释。

7. 自然法所面临的问题就是，那个初步的假定可能是不恰当的，或者这个假定有意或无意地受到该理论的信仰者所持有的意识形态信念之影响。

8. 另一方面，法律实证主义确实并不关注那些无直接关联的道德或宗教因素，但却聚焦于那些适用于某个特定社会的人造法律的正当性。

9. 法律实证主义所面临的问题是它可能在特定社会的法律正当性这个问题上得出了过于简单的结论，这些结论与人们期待从他们的法律中获得的非法律效果（non-legal outcomes）没有任何关联，这些非法律效果（取决于这个社会和其他可能的标准）可能包括：

■ 正义；
■ 民主（其中存在许多的变种）；
■ 诸权利（和诸义务）；
■ 各种补救措施（赔偿金或者衡平法救济，如法院禁令）；
■ 维系既定的宗教；
■ 经济或社会资源的重新分配。

10. 实证主义具有许多变种，其中最流行的现代版本是规范法律实证主义，其在20世纪后期的主要支持者是凯尔森和哈特。

11. 这种理论尝试在法理学的神学研究路径，如阿奎那和布莱克斯通的路径，和严格的奥斯丁式命令理论之间采取一种中间道路。

12. 其结果主要是实证主义者能在某种程度上将法律的实践规范性纳入考量——因此法律和道德并不必然联系在一起，从而为我们提供了分离命题。

13. 哈特把这个命题总结为，如果一项规则违反了某些道德标准，它仍然能够成为法律，但是反过来尽管一项规则可能在道德上是可欲的，但这并不意味着它就是法律。（参见第 5.1 节）

4.2　孔　德

1. 一些主要哲学家的思想导致了法律实证主义在 19 世纪迅速发展，奥古斯特·孔德（1798—1857）就是其中一位。孔德还因发明社会学（涉及对社会的科学调查和分析）而闻名。

2. 孔德认为，人类知识的最高形式与对感官现象的简单描述有关，他的思想建立在三阶段的进化定律之上，其中确定了以下步骤：

（a）阶段一是神学的，人类通过参照拟人化的意志来解释他们所遭遇的自然事件：

■ "拟人主义" 将人类的形式或行为归属于动物或神祇之上，以此比拟为神明（chthonic）法律体系；

■ "神明" 意味着法律像原住民、本土居民或者土著人所理解的那样，其最初起源消失于时间的迷雾中，但仍然在世界上的某些角落具有意义，如西方背景下的澳大利亚和新西兰，原始背景下的亚马孙流域。

(b) 阶段二是形而上学的，在这个阶段这些意志被消除个性，并且以本质或者力量（比如自然的力量）来解释现象：

■ 在一般的意义上，"形而上学的"意味着一个第一性原则体系和某些潜藏在哲学本质之探究背后的假定。

(c) 阶段三是实证的或科学的，并且是最终的发展阶段：

■ 在这个阶段人们认识到，要理解其所经历的诸多事件，最好是通过归纳推理和演绎推理的过程来实现；

■ 在某种意义上这个过程将经验主义和理性主义的方法结合在了一起（参见第 3 章）。

3. 之所以如此描述法律实证主义者，是因为他们通过对法律现象的观察，根据实际经验得出法律的定义，而不是将其归因于看不见的上帝或神灵、人性、道德或其他不可理解的事物。

4.3　边　沁

54

4.3.1　边沁的广泛影响力

1. 杰里米·边沁（1748—1832）所追求的哲学兴趣，如功利主义（第 6 章），比传统的法理学范围要宽

泛得多。然尽管如此,他对法律实证主义的影响不
容忽视,主要是通过其门徒约翰·奥斯丁来实现
的,所以在这简要地考察其思想来源十分重要。

2. 边沁的作品极其复杂,以至于作为其部分作品的编
   辑者哈特甚至怀疑他是否具有能够解释其大部分含
   义的技术能力。

3. 边沁拒绝自然法的主张,并声称自然法可以具有任
   何内部特质,因此边沁对法国大革命宪法有一个著
   名的评价,称其为"踩高跷的废话,胡说八道"。

4. 他没有接受奥古斯丁(第2.3.1节)和阿奎那(第
   2.3.2节)所信奉的上帝意志的观念,而是用以下
   观念予以替代,即法律是表达主权者之主观意愿的
   象征的集合。

5. 主权者是在某个既定政治共同体中被服从的个人或机
   构,共同体成员习惯于服从凌驾其上的个人或机构。

6. 因此主权者意味着:

   (a) 在其首要严格且适当的 (proper) 意义上,是
       一位传统君主;

   (b) 在一种次要表述下,边沁称之为在不适当的
       (improper) 意义上,该个人或机构是无比强大
       的且必须被服从,其本身并不受制于任何更高
       的权威(因此,在英国它包含立法权力,即议
       会中的女王)。

4.3.2　语言与思想

1. 边沁的著作也涉及:

（a）法律的各种"形式"，即法律可以采取各种各
样的形式以实现其多重目标，如命令、准许、
许可，等等；

（b）法律的"覆盖范围"——法律的适用范围有
多广以及适用对象是谁，例如刑法适用于心智
健全的成年人，但在社会中将会存在：

■ 根据《心理健康法》（Merrtal Health Acts）
而享受法律豁免的未成年人和病人；

■ 某些无能力的人，如囚犯。

（c）"授权"，或者各种在社会中实施之行为的正当
性或地位，例如：

■ 由雇主向雇员发布的指令；

■ 由父母向孩子发布的命令。

2. 可以做出以下区分：

（a）以命令形式展现的强制性的意志表达；

（b）要求遵守的一系列禁令；

（c）不阻止某人做某事的许可，并且因此可以被解
释为允许某些行为。

3. 主要法律管控行为，但是必须建立次要或者附属法
律以识别和惩罚那些违反刑法的行为，或者矫正民
法管控下的一些事项。

4. 但是这也表明需要存在一些额外的次要法律以管控
官员群体，如法官、警察和监狱服务人员。

4.3.3　法律体系

1. 边沁试图设计一个完整的法律体系，其中包括在一

个既定体系中次要法律和主要法律的总体，从而赋予一般原则以生命和意义。这些原则例示如下：

（a）普遍禁止干涉他人的财产；

（b）更具体地说，因此，我们不被允许去占用他人的财产，即这是一项强制性的禁令；

（c）但是同样的情况也可以被视为一项许可，允许任何拥有所有权的人去占有土地或者使用财产；

（d）在此之后，必须要有公认的程序来移转、验证和注册财产，并且附带有授权和惩罚措施来确保遵从；

（e）结合起来，它们构成了一个完整的法律，尽管边沁会同意不能将其全部简化为书面形式并以这种精确的形式罗列出来；

（f）因此，在英国法下财产所有人拥有两种不同的权力：

　　■ 首先是适用其财产的法律许可，边沁称之为 56
"直接支配"（contrectation）；

　　■ 其次是这种后果，即除非得到财产所有人的许可，否则其他人不能使用该财产，边沁称之为"命令权"（imperation）。

2. 尽管这些是困难的思想、语言和概念，但它们在约翰·奥斯丁的法律实证主义发展中，特别是在命令方面的影响是相当大的，边沁更普遍的哲学对于功利主义的发展也至关重要。

3. 边沁哲学的语言学方面也使人想起了霍菲尔德 (Hohfeld) 对语言如何定义"权利"的分析（见第 9.2.3 节）。

4.4　奥斯丁

4.4.1　奥斯丁的影响

1. 约翰·奥斯丁（1790—1859），通常被称为边沁的 "门徒"，对法律实证主义的发展具有重要意义，并 于 1826 年被任命为新成立的伦敦大学的第一任法 理学教授。

2. 在德国进行了大量的研究之后，奥斯丁的第一份讲 稿于 1828 年发表，随后被出版为《法理学的范围》 (1832)。

3. 尽管得到了约翰·斯图尔特·密尔等有才能的人的 支持（第 6.2 节），但他生前并没有特别成功地使 自己的思想被接受，部分是因为他谨慎地试图确保 他的意思绝对清晰，因此给人一种过于迂腐的 印象。

4. 他试图建立一套法理学一般原则体系，该体系必定 是任何法律体系的一部分，是一种法律性质的理 论，其不受道德或宗教观念的浸染，并可以在所有 情况下适用。

5. 他识别的法律规则是由（某个）政治优势者向政治 劣势者颁布的，同时又将实在法与那些虽然本质上

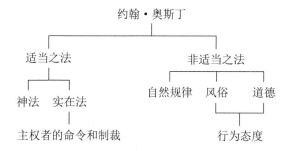

相似或通过类推或隐喻与之相联系，但实际上却相当不同的规则区分开来。

4.4.2　各种法律与道德分类

57

1. 一个基本的区分是将法律分为适当法律和非适当法律。
2. 适当之法分为两个子类：
   （a）神法；
   （b）实在法。
3. 非适当之法由两类组成：
   （a）类比之法（如风俗法）；
   （b）隐喻之法（如自然规律和实证道德）。
4. 实证法律论据后来经由法律之命令理论得到进一步发展，即：
   （a）义务观念；
   （b）以制裁为后盾的强制执行；
   （c）主权者的角色。

5. 实证道德分为三种形式：

    （a）各种行为规则，存在于那些尚未建立起政府机构，即仍然处于所谓的自然状态的社会中；

    （b）主权者以非官方身份制定的各种规则；

    （c）旨在规范人类行为的规则，源于个人的思想和信念，但不一定由政府机构强制执行。

4.4.3　命令理论

58

1. 命令是一种表达意愿的形式，并且它与其他表达意愿的形式进行区分的途径是，当命令者的意愿未被满足时，命令者可以动用权力施加恶害和痛苦，即对不服从的行为施加惩罚。

2. 发布一项命令意味着对命令所指向的对象施加了一项义务，所以"命令"和"义务"是相互关联的术语（参见霍菲尔德，第9.2.3节）。

3. 未能执行一项命令而附随的痛苦就是一项制裁。

4. 实证法的来源能够在主权机构的行为活动中找到，而独立主权国家的存在意味着该主权者依赖三个因素，即：

    （a）该社会中大多数人习惯性地服从或屈服于一个共同的和确定的政治优势者，即可以被识别的某个个人或一群人；

    （b）该个人或群体本身并不习惯服从于另一个人类优势者的指令；

    （c）主权者的权力不受法律限制。

5. 重要的是要记住，"主权者"并不必然，甚至并不通常意味着"国王"或"女王"，但是制定法律的正当机构尽管在某些时候可能是由民主选举产生的，它可以通过其他方式获得权力。

6. 该理论的吸引力在于，与理解边沁的作品的复杂性和广阔范围相比，它相对简单。

4.4.4　理论优势和劣势

1. 奥斯丁的法律实证主义从孔德和边沁的最初理论发展而来，它也存在各种缺陷，遭遇了各种批评，包括以下事实：

   （a）指涉一个主权者可能蕴含着一个道德层面；

   （b）借助国家来界定法律可能是不恰当的（国家起源于法律，而不是相反）；

   （c）并非所有法律都以强制为后盾（例如宪法或程序规则或国际法）；

   （d）法律通常得到公民的遵守，并不是因为他们害怕受到惩罚，而是因为人们普遍认为法律是合理的；

   （e）在缺乏强制性法律机制和有效制裁的情况下，根据奥斯丁的理论，国际公法似乎没有效力；

   （f）通常很难确定主权机构，特别是在实行分权主义的情况下（孟德斯鸠，第3.2.3节）；

   （g）他的理论似乎更适用于基于成文法的法律体系，而不是更依赖于判例法的理论（这似乎很

59

111

奇怪，虽然他受德国法的影响，但他却在普通法传统中创作）；

(h) 他对政治社会之本质的阐述过于简单；

(i) 如果以全球法律体系和法律家族为考核对象，他并未关注到某些法律体系或家族，例如基于宗教的法律体系，例如伊斯兰教法或塔木德经法。

2. 奥斯丁的著作受到了诸多分析和质疑，引发了一些进一步的理论尝试——使他的观点适用于一个对法律体系如何运作进行更全面和更现实的阐述，例如哈特的基于规则的路径（第5章）。

3. 然而，奥斯丁并不是说这是审视法律的唯一方法，也不是说道德等其他因素不重要。

4. 实在法是一种要素，但需要与上帝法和实证道德一起加以考虑，奥斯丁用实证法来指涉那些人为制定的行为规则、运动、礼仪和习俗规则，等等。

5. 奥斯丁关心的是阐发一系列具有普遍重要性和适用性的原则，因此他提到各种"原则、概念和区分"，以便能够使他的理论足够精微。这些概念和区分包括以下例子：

(a) 义务、权利、自由、伤害、惩罚和补救等观念；

(b) 上述要素与法律、主权者和独立政治社会之间的各种关系；

(c) 成文或颁布之法律与未成文或未颁布法律之间的区别（颁布法律意味着宣布法律或使法律为人所知）。

4.5　凯尔森

60

4.5.1　凯尔森的目标

1. 汉斯·凯尔森（1888—1973）将对欧洲民法（基于罗马法）的研究路径与后来他基于美国普通法经验，对法理论的独特客观分析路径结合起来。

2. 他的《纯粹法理论》（*Pure Theory of Law*）第一版于 1934 年出版，第二版于 1960 年进行了修订。

3. 根据其译者的阐释，凯尔森的计划是：

   （a）构建一个纯粹法理论对法律现象进行解释，该解释不受政治、道德、经济或其他外在因素的影响（即仅限于法律而无视其他学科）；

   （b）以符合法学认知方法纯粹性原则的方式解决一般法理论的基本问题（即提取一些清晰的基本原则）；

   （c）在整个科学体系中为法律科学寻找定位；

   （d）尝试对其目标实现大致地厘清，但是在凯尔森复杂的文本和思想中，这种目的并非总是立即显而易见的。

4. 像奥斯丁一样，凯尔森的关注点是要展示法律实际上是什么，而非法律应该是什么，这是法律实证主义（最）重要的特征之一（参见休谟，第 3.1.4 节）。

5. 还应强调：

   （a）凯尔森不是在考察任何特定的法律秩序，而是关注一般的实在法；

（b）这个过程涉及要去除那些"浸染"或"冗杂"要素，他认为这些要素就是 20 世纪的心理学、社会学、伦理学和政治理论；

（c）像是为了看到将整个身体聚拢在一起的优雅的骨骼结构，就把肉和器官从身体里剔除一样；

（d）他并不否认存在着社会的和其他此类要素，但是他的目标是避免在讨论中混淆它们，以便透过社会科学的迷雾发现清晰和哲学上的法律真理。

61　**4.5.2　各种规范**

1. 因此，凯尔森一直在关注所达到的效果，而不是欲求的意图（intention），例如：

■ 遗嘱行为的主观含义可能与客观含义并不相同；

■ 适当的法律手续（例如见证立遗嘱人的签名）可能没有被遵守，如果这样，遗嘱将无法达到预期的效果；

■ 商家之间的信件交换可能有也可能没有创设合同的实际效果，无论通信双方的意图如何，均取决于合同成立的实际规则。

2. 这种方法首先需要识别所有物理行为或物理事实，其客观含义可能是民法上的有效或无效行为，或者是刑法上的合法或非法行为。

3. 将事实转变为法律行为的，不是事实的实际存在，而是人类对所发生事件的解释所产生的客观含义。

4. 这种法律含义源于凯尔森所说的"规范"，其内容是指该行为，并且规范赋予该行为以法律含义，该行为本身是根据规范得到解释。

5. 换句话说，正如凯尔森所说，规范是一种解释的框架：

    ■ 确定一项行为是合法还是非法的规范是从另一个规范衍生而来的；

    ■ 因此，杀掉一个被正当司法程序判处死刑之人不是谋杀，它与谋杀者本人所犯下的谋杀具有不同的性质，尽管两种杀人的物理事件可能完全相同，例如都是将人绞死。

6. 视觉也许看不到两者之间的区别，但是将刑法适用于执行的思想过程却具有将其从无法证成的随机暴力行为转变为积极且正当的法律行为的效果。

7. 因此，一条规范就是某些应当如是或应当发生的事情，更具体地说，它意味着人类应当以某种特定的方式行动。

8. 区别在于： 62

    （a）使用的是将来时态，而不是条件句或者情态句；

    （b）下达命令的人说，某些事情将要发生；

    （c）下达命令的人应当以某种方式行事；

    （d）这里存在一种语言上的困难，因为英语中没有直接的将来时态，而是通过使用辅助动词 "will" 或 "shall" 来创造将来时态；

    （e）规范与命令相对应而非与许可相对应，且规范是一项行动的意义，通过这种意义，特定的行为被命令、被许可或被授权。

9. 规范可能源自立法或习惯，就凯尔森而言，规范的实效（effectiveness）不是相关的问题，规范的效力（validity）才是。

10. 如果存在两个相互矛盾的规范，它们赋予同一行为不同的客观含义，则凯尔森将：

   （a）如果存在两个法体系，则采取相对主义者的观点；

   （b）如果在同一法体系内，则否认存在两种矛盾的有效观点。

11. 例如某个社会中的强盗团伙，它具有迫使服从的强力但缺乏真正的法律效力。

12. 各种规范最终可以追溯到一个基础规范（grundnorm），所有其他规范的效力都源于这个根本的或基础规范，将法律规范与道德规范区分开来的是法律规范背后存在着一个社会组织性的强制制裁。

13. 在其基本表述中，英国法律体系中的基础规范可以表述为女王议会（Queen in Parliament），即制定和批准新立法的程序（先在上下两院中进行论辩，然后女王授权批准）。

4.5.3 各种批评

1. 凯尔森的纯粹法理论引起许多批评：

   （a）不应将基础规范视为一个法体系的终极基准，因为基础规范本身必须得到相关社会中权力运作者的承认；

（b）法体系不仅仅是一套规则，而且还包括愿望、
学说、原则和标准等不必然可以追溯到基础规
范的东西；

（c）英国的法体系高度依赖于某些惯例和学说，这
些惯例和学说有时候很难被确定且在运作中非
常灵活（例如，通过解释"法治"来证成未经
审判的软禁，或者通过解释国际法来发动战争）。

2. 凯尔森的理论并不关注法律应当是什么，因此对于
那些被部分人视为无法得到道德上辩护的规则体
系，他仍然认为其有效：

■ 他试图为法律提供一种不受意识形态、历史和文
化偏见的分析，人们可能会争论说，坚持中立性
本身就是一种政治立场，因此可被解释为一种对
自然法的攻击；

■ 仍然可以针对以下这点提出其他批评：凯尔森的
理论是如此远离常识以至于实际上很难接近，而
且排除法律的社会要素事实上使得该理论变得毫
无意义；

■ 在试图为任何既定法体系识别基础规范之时，可
能会遭遇一个真正的难题，尽管凯尔森回避了这
一问题，他辩称说基础规范实际上是一种法律假
设，并不需要能够证明基础规范实际存在。

第 5 章　当代法律实证主义

初级规则

施加义务并且由各类法律部门构成，如合同、侵权和犯罪，等等

次级规则

裁判规则

——授予权力以确定法律的违反，如司法权

承认规则

——授予效力

变更规则

——授予权力以通过立法改变初级法律

5.1　哈　特

5.1.1　法律的概念

1. 哈特（1907—1992）设法解决法律实证主义的缺陷，他在前任边沁和奥斯丁以及当代凯尔森的路径中（以及其他路径）看到了这种缺陷。

2. 在《法律的概念》(*The Concept of Law*, 1961) 这本书中他提出了一些想法，试图对"什么构成法律"这个问题给出更完整答案，从而超出狭隘的命令和纯粹解释，即奥斯丁和凯尔森两人自身的限制。

3. 如果法哲学家有意地将他们的讨论局限于主权者、制裁或道德等特定的考量，那么他们将无法用普遍价值来解释法律，在哈特看来这些普遍价值与组成法律之构成部分的不同规则有关。

4. 哈特同样关注：　　　　　　　　　　　　　65
   （a）语言的性质；
   （b）语言的使用如何影响对法律的理解。

5. 在处理法律时，不可能将所有内容都考虑进去，这限制了法哲学家应对在法律体系运行中不断涌现的新情况的能力。

6. 先前强调法律的命令理论，其认为法体系通过制裁迫使人们服从，这一点：
   （a）在某些细节上是正确的且就现状而言如此；
   （b）却不完整，因为许多公民不是出于恐惧而服

从，而是出于一种履行做其认为的正确之事的
义务观念；

(c) 人们对此的理解也会随时间、地点的变化而发
生改变。

7. 因此，民众被施加内部和外部的影响：

(a) 在外部，民众被命令强迫去服从，这些命令被
制裁的恐惧所强化；

(b) 在内部，公民被视为有义务遵守那些设置了可
接受标准的法律规则，因为遵守规则是他在一
种义务感下主动接受的，而不是政治上的主权
者（机构）由上而下强加给他的。

8. 内部因素是哈特对法律概念的发展：

(a) 超越了奥斯丁的制裁和命令理论以及凯尔森的
临床骨骼理论分析（clinical skeletal theoretical
analysis）*；

(b) 实现了理论的进步，他将规则作为一种工具，
把现有诸多理论整合为一个更融贯和更全面的
整体，比起仅仅适用于某个给定的法体系，其
理论也能够被适用于更广的范围。

9. 哈特并不以这种方式来限制自己，而是通过考察那
些始终普遍适用之规则的性质，在更广泛的背景下
来解释法律的运作。

---

* 此处所指为凯尔森的层级构造理论。——译者注

5.1.2　初级规则和次级规则

1. 哈特对法律的解释是通过发展一种初级规则和次级
   规则结合的理论来实现的，这种理论具有一系列
   特征：
   （a）分析性的；
   （b）实证主义的；
   （c）在某种程度上是社会学的。

2. 初级规则：
   （a）施加义务，确定人们应当做什么、不应当做
       什么；
   （b）由特定种类的法律所组成，如那些规制合同、
       侵权或犯罪的规则。

3. 次级规则有三种，是关于规则的有效规则，次级规
   则涉及初级规则能够允许或禁止人们去做某事。次
   级规则包括以下三种：
   （a）承认规则；
   （b）裁判规则；
   （c）变更规则。

5.1.3　承认规则

1. 承认规则授予效力并且被用于确定初级规则的效
   力，比如：
   ■ 规定法院不能挑战成文法效力的规则［*British
     Railways Board v Pickin*（1974）AC 765］；

66

■ 此方法可能需要进一步考虑当前的欧盟法律 [*Factortame Ltd v Secretary of State for Transport* (*No. 2*) (1991) 1 All ER 70]。

2. 次级的承认规则是证成整个法体系之效力的根本规则，因此，在英国，承认规则就是这种规则——如果是通过适当构成的议会程序所制定并经女王确认的立法，那么该立法是有效的（参见凯尔森的基础规范，第 4.5.2 节）。

3. 然而，这些本身并不总是充分的解释，因为还有其他公认创设法律的方式，如：
   ■ 附属机构的立法；
   ■（有限的情形下的）习惯；
   ■ 司法先例。

4. 它们是关于规则的规则，次级规则涉及初级规则允许或阻止个人做什么。

5.1.4　裁判规则

67

1. 裁判规则授予权力，并且允许我们去确定一项初级规则是否被打破，这样的规则在性质上要么是程序性的，要么是矫正性的。

2. 裁判规则提供司法权威以解决争议，比如那些法院的规则。

3. 用初级规则和次级规则的结合来考察法律体系能够使学生超出前辈学者所提供的狭隘视角，从而更好地解释法律的本质，就像其现在所运行的那样。

5.1.5　变更规则

1. 变更规则授予权力，允许个人或者机构去改变初级规则，例如规定议会可以通过立法程序修改法律的规则。

2. 变更规则可以是私人的，也可以是公共的：
   - （a）私人的变更规则改变个体之间的关系，如合同法规则涉及个人之间的权力（power），而非义务；
   - （b）公共变更规则同样授予权力，当变换的社会环境要求做出改变时，变更规则授予公共官员以权力从而制定、改变或者完善初级规则。

3. 公共官员是那些负责制定和施行规则的人，如立法者和司法者，不仅仅局限于通常的含义，即指公务员或地方政府官员。

4. 因此次级规则对初级规则是支持关系，它们影响如何矫正对初级规则之违反的方式。

5. 但只有当存在着初级规则和次级规则的结合时，该体系才能运作。

5.1.6　理论影响和批评

1. 管控规则的官员由以下成员组成：
   - （a）立法者；
   - （b）法官；
   - （c）行政官员。

68

2. 这些官员必须对次级规则持有一种"内在观点"，即除了（且分离于）对主权者和制裁的奥斯丁式的坚持，官员们需要具有一种有意识的愿望去遵守规则并将接受其效力。

3. 内在观点是对凯尔森基础规范的哈特式解释。

4. 为了避免"实证主义为道德上可疑的法体系提供支持"这一批评，哈特同样坚持说与人类生存条件有关的某些事实要求所有有效的法体系必须遵守那些普遍的事实。

5. 一些阐明这类事实的例子：

   ■ 并非所有的人都具有同等的体力，也没有可比较的经济或社会力量；

   ■ 不存在满足人们需求的无穷无尽的资源；

   ■ 智识资源在人类中分布不均。

6. 考虑到与法律实证主义相关的法律与道德之分离，哈特确定了功利主义法理学的三个组成部分，即：

   （a）法律与道德必须分离；

   （b）有必要对法律现象采取一种分析性研究；

   （c）法律存在并且应当被分析为一项命令。

7. 但是他继续说，法律不仅仅是命令理论，因为：

   （a）把立法机关（其成员定期变动）看成是一群被习惯性服从的人是错误的；

   （b）这种想法仅适用于长期幸存的君主（之所以要求"长期幸存"，是因为奥斯丁式法律实证主义的弱点始终在于，新登王位的君主或新掌握权力的君主，仅仅凭借那个事实就已经享有或产生服从习惯）；

(c) 立法机关能够制定法律，并不是因为他们有权力执行规则，而是因为他们遵守了那些规定法律制定程序的基本规则；

(d) 并非所有法律都采取命令的形式，某些（甚至很多，尤其是非刑事法律）赋予权利而非科以义务。

8. 哈特的基于规则之理论所面临的批评包括：

(a) 他主张所有社会都必须承认某些关于人类境况的基本假设，这忽略了一个事实，即各种行动所赋予的价值在不同的社会之间截然不同，例如比较缅甸、苏丹和英国的情况；

(b) 例如，在某些法体系下可以通过截断小偷的肢体来惩罚其犯罪行为，而在另一些法体系下则可以接受，在执行死刑之前，将被定罪（甚至是精神病）的囚犯关押几十年；

(c) 无法给予平等这个概念一个被普遍接受的定义，在某些社会中，平等观念无法被理解、被欲求或被接受；

(d) 法律、道德与正义之间的关系仍然存在问题，并且还受制于文化相对主义的解释；

(e) 将法律规则仅归类为要么施加义务要么授予权力，这种做法过于简单；

(f) 有时原则可能不得不胜过规则，例如阻止儿子

69

因谋杀父母而享受继承利益；

（g）对规则的忠诚是一种对官员履行职责的过度
　　简化；

（h）法律机构在法体系中所扮演的角色仍然是成问
　　题的。

5.2　麦考密克对法理论的贡献

1. 尼尔·麦考密克爵士（1941—2009）的哲学建立在
法律实证主义以及《法律推理和法律理论》（*Legal
Reasoning and Legal Theory*，1978）的基础上，他回
应了德沃金对哈特法学理论的一些批评，他的理论
处于两者之间的立场。

2. 除法律理论外，他还对政治理论感兴趣，包括与欧
盟有关的主权和宪法问题，以及民族主义、自由主
义和社会民主等。

3. 他对更狭窄的法理论的兴趣包括：
■ 如何定义法律；
■ 法律与道德之间的关系；
■ 法律渊源；
■ 法律推理。

4. 与哈特在奥斯丁的基本法律实证主义上发展出一系
列细微差别一样，麦考密克不仅仅是一个未经重建
的哈特主义者，尽管那是他的出发点，但他将自己
后来的立场描述为"后实证主义"，甚至是"反实
证主义"。

5. 他复杂而微妙的哲学很难加以把握，但他试图用菲尼斯的自然法立场和德沃金的"第三条道路"想法来夯实实证主义的基础（第 10.1 节）。

6. 他对现代法律理论的主要贡献之一是使用演绎方法，将早期的关注焦点从凯尔森式的规范观念转向法律推理和法律解释。

7. 他开始在《法律权利和社会民主》（*Legal Right and Social Democracy*，1982）中发展其后期的观点，这本书由受其苏格兰背景和斯堪的纳维亚思想影响的关涉政治和宪法哲学以及法律的论文组成。

8. 他的成熟作品见诸四卷本的《法律、国家和实践理性》（*Law，State and Practical Reason*，2008），在这个系列中他通过精致的分析阐明了法律在社会中通过促进适当的社会和经济条件来发挥作用。

5.3　拉兹对法理论的贡献

1. 约瑟夫·拉兹（生于 1939 年）是另一位对权威（承接自霍布斯、边沁和奥斯丁）和规范（凯尔森）感兴趣的当代法律实证主义者，他发展了哈特的思想并编辑了哈特的《法律的概念》第二版（1994），第二版的后记是哈特对其批评者的回应。

2. 拉兹将其关于法治的思想提炼为八个原则：

（a）所有的法律都应当是可预期的（而不是追溯性的），应当公开和明确；

（b）法律应当是相对稳定的且不应频繁变动，以便人们能够了解法律是什么；

(c) 制定特定法律的程序应当遵循公开、稳定和明确的规则；

(d) 必须保证有独立的司法机构；

(e) 必须遵守自然正义原则，尤其是那些与公正审判有关的原则；

(f) 法院应就决定如何作出、原则如何适用的方式享有司法审查权；

(g) 法院应向公众敞开以确保没有人被剥夺获得审判的权利；

(h) 不应允许犯罪预防机构的自由裁量歪曲法律。

3. 这些原则的运作方式因不同社会而不同，但他强调，法治与民主、正义、平等、人权或尊重人的尊严等概念要保持区隔。

4. 拉兹将法律固有权威的观念与对法律规范运作方式的解释结合在一起，因此，法律的运作方式可能是禁止、允许或要求人们做某事，并且从规范的角度看，法律在次等规范的体系中居于首位。

5. 拉兹的法律实证主义的核心命题是社会事实命题，即法律的存在和内容是一个社会事实问题。

6. 因此，即便法官在法律适用中必须使用道德标准，但确定法律是什么却可以忽视道德推理。

7. 拉兹是一个至善主义或全面自由主义的支持者，包括：

(a) 一种自由主义政治学说，它全面地阐明了那些

对人类生活至关重要的价值;

（b）其中主要的关键价值就是个人和政治自治。

8. 在道德理论中，拉兹捍卫价值多元主义，该学说认为诸价值是不可通约的（incommensurable）:

（a）该学说也被称为伦理或道德多元主义;

（b）即便诸多价值之间相互冲突，但它们仍然是同等基础和正确的;

（c）不可通约性是指两个或者多个价值之间并不共享一个共同的衡量标准。

9. 因此，如果两个价值的承载者是不可通约的，那么说"两者中的一个比另一个更好或两者一样好"就是错误的。

10. 因此，在选择律师抑或是乐器演奏家的职业时，似乎其中一个并不比另一个更好，同时两者也不是一样好;如果两者具有相同的价值，那么对法律职业稍微提升一下它就会更好，但是这不适用于上述两个职业选择，因为拉兹说从事法律或从事音乐职业是不可通约的选项。

第6章 功利主义

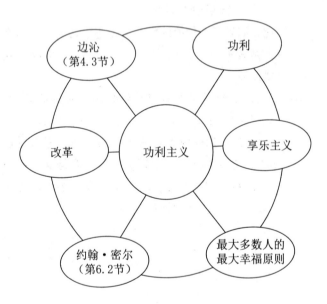

6.1　边　沁

1. 如第 4.3 节所述，边沁在法律实证主义思想形成的过程中发挥了至关重要的作用，但在思索功利主义方面他也是一位很重要的人物。

2. 他是一名合格的律师（诉讼律师），尽管他从未真正执业过，但他更喜欢作为一名辩论家（从事公共辩论的人）进行工作和写作，他的主要理论著作是《道德与立法原理引论》（*Introduction to the Principles of Morals and Legislation*，1789）。

3. 他受到了法国启蒙哲学和休谟（他从休谟那里发展出了功利主义原理）及洛克 ［例如《人类理解论》(1748) ］ 的影响，因此他的许多作品将欧陆理性主义和英国经验主义的思维模式结合在了一起（参见第 3 章）。

4. 他是一群知识分子中的一员，其中包括约翰·密尔和赫伯特·斯宾塞（Herbert Spencer），他们被描绘成是"哲学激进分子"，其共同目标是要消除一些异常情况，例如：

    （a）过时的法律制度（早在维多利亚中期的法律改革实施之前就已存在）；

    （b）贵族和其他特权群体所控制的经济（也是在 19 世纪经济改革之前）。

5. 在采取这种态度时，他们发现自己：

    （a）反对以前和当时过时的许多（例如以布莱克斯

通为代表的）法律哲学传统；

(b) 赞成改革的各个方面，例如更广泛的公民权（选举权）和更具代表性的政府。

6. 边沁和其他功利主义者认为，如果道德和立法是在人类行为的背景下进行的，那么科学地解释立法和道德就是可能的，粗略地来说其背后的理论基础是享乐主义，这意味着：

(a) 享乐；

(b) 害怕痛苦或惩罚；

(c) 为最大多数人谋求最大利益。

7. 道德和立法这二者都可以根据其构成要素的客观标准来衡量，尽管它们本身既可能是主观的也可能是客观的，例如：

■ 强度；

■ 持续时间；

■ 确定性；

■ 接近度；

■ 繁殖力；

■ 纯粹性。

8. 他还认为，人们的是非标准与这种对比和品质有关。

9. 可以确定构成边沁哲学主要基础的三个原则或特征是：

(a) 效用，或最大幸福原则，他的意思是要提升快乐，而不是有用性；

(b) 普遍的利己主义；

（c）与他人的利益相比，人为地确定个人的利益。

10. 这种思维方式有很多好处，主要的好处是功利主义原则清晰明了，而且它：

（a）解决可能出现的利益冲突；

（b）趋向于平等对待，人与人之间的价值是同等的；

（c）有助于进行实际的利益计算，被称为享乐主义或幸福计算。

11. 边沁关于功利主义的信念促使他在许多领域走在了前列，例如：

■ 他预示霍菲尔德（第 9.2.3 节）承认消极自由是免于外部强迫或约束的自由；

■ 他承认权利的存在，但这区别于传统的自然权利，他认为自然权利是对语言的歪曲；

■ 如果每个人都可以任意主张权利，权利就不可能是这样的［因此他强烈批评法国大革命所倡导的人权理论，认为这是"无政府主义和踩着高跷胡说八道"，参见 1791 年的《无政府主义的谬误》（*Anarchical Fallacies*）］。

12. 因此，权利可以确定为：

（a）法律的而非自然的；

（b）具体到主客体之间的一种关系；

（c）只有在合法有效的法律体系下才是有效的，从而为法律实证主义而非传统自然法提供了基础。

75

6.2 约翰·斯图亚特·密尔

1. 约翰·斯图亚特·密尔（1806—1873）在 16 岁时接受了父亲詹姆斯·密尔（James Mill）的强化教育，并学习了边沁的作品，由此导致他即刻转向了功利主义。

2. 他在政治、经济、哲学、文化和自由方面著述广泛，于 1863 年出版了《功利主义》（*Utilitarianism*）一书。

3. 尽管他深深地沉浸于边沁的功利主义，但他认识到，由于其经验主义，使得它在某些方面是狭隘的，因此他有意识地从其他流派［如柯勒律治（Coleridge）的诗歌］汲取更广阔的视角。

4. 密尔还为功利主义带来了一种逻辑理解，他认为道德理论采取了两种不同的方法之一来获得功利主义原则：

   （a）直觉的方式，不依赖于经验的康德式进路，或者

   （b）演绎的方式，所需的方法是观察和经验，密尔偏爱这一进路。

5. 快乐可以通过各种各样的方法得以实现和评估，但是智识快乐要比感官上的快乐更强。

6. 综上所述，功利主义分五个阶段来论述这一学说：

   （a）第一，关于确定直觉和演绎路径的一般性介绍；

   （b）第二，形成基本的功利主义原则，即当行为倾

　向于促进幸福时，它是正确的；当行为倾向于
阻碍幸福的实现时，它是错误的；

（c）第三，考虑是什么构成了功利主义原则的最终
制裁，亦即人们通过评估和比较自身利益的重
要程度来采取行动的动机；

（d）第四，为他的思想提供逻辑证明，并对构成复
杂而综合的幸福概念进行分析；

（e）第五，将正义与功利联系起来，认为正义的道
德基础是社会功利。

7. 享乐主义（快乐是至高无上的善），自利、快乐、
避苦求乐都反映了希腊哲学运动中伊壁鸠鲁派的思
想（第 2.1.2 节），它们有时可能被认为完全不合
理，因为主要动机总是被认为是利己主义的。

8. 然而，当与表面上看似具有普遍福利和人类进步的
无私动机（例如马克思主义）相比时（第 8.3 节），
功利主义认为自身是促成现代世界自由主义的一个
重要因素。

6.3　后续发展

1. 西季威克（Sidgwick）在 1874 年首次出版的《伦理
学方法》（或《伦理学原理》）（*The Methods of
Ethics or Principia Ethica*）中发展了边沁和密尔的思
想，特别是最大多数人的最大幸福原则，并为 20
世纪功利主义提供了基础，功利主义的支持者包括
摩尔（G. E. Moore，1873—1958）、伯特兰·罗素

76

（Bertrand Russell，1872—1970）和彼得·辛格（Peter Singer，1946—）。

2. 在《伦理学原理》（*Principia Ethica*）一书中，摩尔批评了边沁、密尔和西季威克，特别是他们功利主义的某些方面（认为快乐在品质和数量上是不同的），指责密尔犯了"自然主义谬论"。

3. 摩尔的思想被描述为"理想功利主义"，包括除享乐主义之外的其他善，比如知识和美。

4. 黑尔（R. M. Hare，1919—2002）推动了如下这种观点，即不仅理性存在应该受益于功利主义，而且所有有情感的众生都应该从中受益，这导致了像辛格所倡导的对动物权利的信仰。

5. 在《道德思维：层次、方法及视角》（*Moral Thinking：Its Levels，Methods and Point*，1981）一书中，黑尔试图将康德的思想与功利主义结合起来，设计出一种"二阶"的理论形式。

6. 辛格的观点采取了偏好功利主义的形式，这不同于经典的边沁主义形式，主张采取那些促进相关者偏好或利益的行为。

7. 辛格在《实践伦理学》（*Practical Ethics*，1979）中，分析了为何以及如何评价所有生物（不仅是人类）的利益，尽管应该以不同的方式来对待不同的利益。

8. 他的观点包含了许多利益，他的观点可以用三段论来表达（参见第 1.1.4 节），以证明为什么所有人的生命都应该受到保护：

(a) 大前提：杀害无辜的人是错误的；

(b) 小前提：胎儿是无辜的人；

(c) 演绎推理，即逻辑结论：因此杀死胎儿是错误的。

9. 在一个不那么哲学化的一般政治和社会意义上，功利主义给现代政治家声称制定其思想和政策的方式添色不少，因为乍看之下，不言而喻的是，让大多数人更幸福的东西一定是好主意；但对这些不同方法的详细研究可能会使这一点（功利主义的优势）变得不再如此明显，因为社会上有这样一种倾向，如果有某些人变得更好，往往是以牺牲其他没有受益的人为代价。

第 7 章　历史法学派

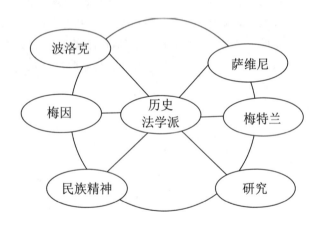

7.1　萨维尼

1. 弗里德里希·卡尔·冯·萨维尼（1779—1861）是
   欧洲历史法学派的奠基人之一，他认为研究不同民
   族的意志和共同意识对理解本国法律的本质而言具
   有关键性意义。

2. 探索民族精神（*Volksgeist*）和以其共同意志为基础形成的实在法是必要的，理解二者的关键是民族及其精神，后者因民族不同而各有分殊。

3. 这一观点的产生基于他对罗马法的深入研究而来，在《论立法与法学的当代使命》（*Of the Vocation of Our Age for Legislation and Jurisprudence*，1814）一书中展示了其历史性进路（historical approach），（由于拿破仑的影响）他在该书中反对当时日耳曼人的法典编纂趋势。

4. 民族精神反映了人民需要什么作为他们法律的真正基础，这基于他们的历史、经验、现状和愿望。

5. 从法律的角度看，民族的意识根植于习惯，尽管这有悖于欧洲大陆的理性主义传统。

6. 这种发达的体系要求律师和法官代表人民解释法律，其功能有些类似于托管（trusteeship）。

7. 实际上，他反对法国大革命的影响及其教义，其中一个原因是他将自己的观点建立在其所理解的罗马曾经的《国法大全》（*Corpus iuris*）的永恒价值和德国人民的当代精神上。

8. 对冯·萨维尼的批评建立在许多因素的基础上，包括：

   （a）以罗马过去的法律理论为基础，同时又为当代德国民族精神辩护的不合逻辑性；

   （b）未能充分界定其概念理论；

   （c）过分地倚重习惯；

139

（d）律师以受托人身份为人民服务的观念；

（e）其历史考察的思想对证成法律的合理性无益，
因为他更重视的是起源而不是现行的法律与
实践；

80 （f）20 世纪 30 年代和 40 年代纳粹滥用法律，以及
50 年代和 60 年代南非种族隔离制度滥用布尔
人（Boer）版本*的民族精神，使其中一些观
点在 20 世纪名誉扫地。

7.2　梅特兰

1. 弗雷德里克·威廉·梅特兰（1850—1906）是英国
剑桥地区的一名律师，与历史中的法律的研究与编
辑工作密切相关，他的成就包括：

（a）成立了以出版早期英国法律文件为要旨的塞尔
登协会（Selden Society）**；

（b）出版了亨利·德·布莱克顿（Henry de Bracton）
的《案例摘录》（*Notebook*）和《爱德华二世
年谱》（*Year Books of Edward II*）；

（c）与弗雷德里克·波洛克爵士合著《爱德华一世
之前的英格兰法律史》（*The History of English
Law before the Time of Edward I*，1895）；

―――――――――――

*　阿非利卡人，旧称"布尔人"，是南非和纳米比亚的白人种族之一。
以 17 世纪至 19 世纪移民南非的荷兰裔为主，融合法国、德国移民形成的非
洲白人民族。——译者注

**　塞尔登协会以点校整理英格兰古代法律文献为宗旨。——译者注

（d）其他一些有关衡平法、普通法诉讼形式与宪法
　　 史的书籍。

2. 虽然把他说成是法史学家或许比说成是法哲学家更
　 合适，但他坚持研究、出版和解释原始史料的学术
　 精神，为 19 世纪后半叶历史法学派力量的壮大做
　 出了贡献。

7.3　波洛克

● 弗雷德里克·波洛克爵士（1845—1937）是牛津大
　 学法理学教授，他的出现为英国历史法学派带来了
　 不同于梅特兰的景象，他与梅特兰合作出版了《爱
　 德华一世之前的英格兰法律史》，他还：

（a）出版了《合同原则》（*The Principles of Contract*，
　　 1876）和《侵权法》（*Law of Torts*，1887）等
　　 权威著作；

（b）曾在 1885 年至 1919 年担任《法律季刊》（*Law
　　 Quarterly Review*）的编辑，在 1895 年至 1935 年
　　 担任《法律报告》（*Law Reports*）的主编；

（c）自 1914 年起担任五港同盟地区*海事法院
　　 法官；

（d）对其他法理学命题很感兴趣，在 1880 年创作
　　 了一本关于斯宾诺莎的专著。

＊ 五港同盟（Cinque Ports）是中世纪英格兰东南部英吉利海峡沿岸诸港
的同盟，专为王室提供战船和水手。——译者注

7.4 梅 因

1. 这些律师与包括亨利·梅因爵士（1822—1888）在内的其他 19 世纪的学者们都很重视运用历史方法论来解释特定法律体系的精神或本质，并通过对历史的研究和分析得出有关法律本质的更广泛结论；这进一步印证了一个事实，即许多早期的哲学家也意识到了历史因素，只不过他们并不一定将历史因素视作其法律哲学的核心组成部分。

2. 梅因认为，许多因素构成了法律体系并赋予其效力，它们包括：

   ■ 传统；
   ■ 同意；
   ■ 互惠互利。

3. 一个法律体系内公平的实现依赖于缔约的过程而非地位的存续。

7.5 历史法学派的重要性

1. 在大陆法系中，罗马法一直很重要，在英国的法律体系中，正如那些古老大学所教授的那样，也不例外，尽管从诺曼征服开始，普通法转向了不同的方向。

2. 相对于为统治阶级提供的古典大学教育而言，普通法的实践教育始终是实践性的而非学术性的，在 19 世纪 30 年代和新伦敦大学学院（University College of London）奥斯丁讲席成立之前，教学大多数是在宫中内庭进行的。

3. 欧陆与英国历史法学派都倾向于拒绝或至少淡化所谓的:

   (a) 自然法的普遍性,无论是基于上帝、诸神还是更模糊的道德,其合理性都取决于直觉主义;

   (b) 19 世纪法律实证主义提出的新理性主义阐释,无论它是基于边沁与密尔的功利主义,还是奥斯丁的主权命令论。

4. 相反,历史法学派:

   (a) 在试图确定不同民族的精神方面,与浪漫主义运动有更多的共通之处;

   (b) 对自然法的衰落和法律实证主义的发展起到了替代作用,而从来没有在二者间起到过平衡作用; 82

   (c) 为美国日益壮大的形式主义和现实主义影响提供了不同的视角。

5. 这一运动之所以没有取得更大的成功,可能有若干原因:

   (a) 忽视了人权作为自然权利的继承者在当代的重要性;

   (b) 普遍来看,对道德因素的重视程度有限;

   (c) 对法律体系的本质和内容提供了许多不同的、有时甚至是相互矛盾的解释;

   (d) 20 世纪以来,纳粹和布尔人的行为和做法使其名誉扫地。

第8章 社会法学与马克思主义

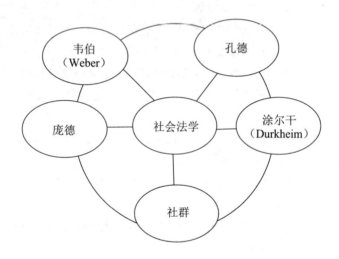

8.1 社会学研究的目标

1. 社会学是关于人类行为的科学研究，尤其是关于分析其：

   （a）起源；

   （b）组织；

　　（c）机构；

　　（d）人类社会的发展。

2. 这种研究可能涉及一般的学术知识领域，例如：

　　（a）经济学；

　　（b）政治学；

　　（c）法学。

3. 更具体地说，其后的研究可能更侧重于具体的问题，例如：

　　■ 犯罪问题；

　　■ 虐待儿童问题；

　　■ 离婚问题。

4. 虽然过去没有被确定和命名为社会学，但事实上，从古希腊学者（柏拉图）到霍布斯、洛克、孟德斯鸠和卢梭，许多哲学家都在社会语境下思考过法律问题。

5. 在 19 世纪，政治学已经足够发达，发达到足以将广义的社会与原初确定的王室及嗣后出现的国家区分开来，这就导致了现代社会学的诞生，进而催生了社会法学。

6. 在这一领域处于领先地位的学者包括：

　　■ 埃马纽埃尔·约瑟夫·西耶斯（Emmanuel Joseph Sieyes，1748—1836）似乎是第一个使用"社会学"一词的学者，随后奥古斯特·孔德（1798—1857）于 1838 年使用了该词（第 4.2 节），其目的是确定和解释人类发展的主要阶段；

　　■ 卡尔·马克思（1818—1883），对他来说，法律只是在实现他认为更重要的历史、经济和政治目标方面值得考虑的标准之一；

- 埃米尔·涂尔干（1858—1917），他在使用科学方法收集实证统计证据为社会研究提供素材方面发挥了重要作用；

- 马克斯·韦伯（1864—1920），他研究了社会组织的各理论侧面；

- 罗斯科·庞德（1870—1964）也与社会法学有关。

7. 这里不可能极为详尽地论及社会法学，但一些归入其他标题下的学者，如霍姆斯（第9.2.4节）与卢埃林（第9.2.5节）等法律现实主义学者，也与社会学研究方法有相似之处，同样地，这里的庞德也被视为一位法律现实主义者。

8.2 庞 德

1. 法哲学从诸传统观点出发，而社会科学为其提供了一些有用的范例，特别是在社会学和经济学方面。

2. 罗斯科·庞德（1870—1964）在《通过法律的社会控制》（*Social Control Through Law*，1942）一书中论述了这一方法论，他对法律进行了分类，并将其作为实现社会内部控制的主要手段，而不是将其建立在自然法、宗教或更普遍的道德标准上。

3. 这反映了其20世纪早期著作中的思想，如《法律与自由》（*Law and Liberty*，1914），他在书中对社会哲学学派提出了新的理解，他认为：

（a）以前的独断专行（self‐assertion）将不再占
上风；

（b）未来的法律政策将建立在需要确保整个社会诉
求（即社会和公共诉求）的基础之上。

4. 他将法律、实质和方法的不同含义整合为基于原则
和程序的管理制度。

5. 社会法学试图尽可能地运用科学的方法论来处理法
律调查（legal investigation）中的问题。

6. 强调法律实证主义正当性的相对明确的标准，如奥
斯丁的主权命令论或哈特的规则理论，在社会法学
中并不那么容易确定，但往往包含以下几种：

（a）社会的简单存在；

（b）民众的服从习惯；

（c）既有的政治标准，且这些标准或多或少地被普
遍接受；

（d）些许模糊的最终理由，不需要在社会学上加以
限定。 86

7. 庞德认为，法律体系通过以下方式实现法律秩序：

（a）承认诸如行为和关系秩序中的效率等利益；

（b）划定此种利益的限制；

（c）通过司法机关适用法律规定以承认并实施这些
制度；

（d）将它们都限定在公认和确定的限度内。

8. 这就预示着以下三种类型的利益被视为社会权利，
而不是上帝赋予的或基本的法律权利：

    （a）个人的；

    （b）公共的；

    （c）社会的。

9. 因此，概括地说，社会法学的基础是以下主张：

    （a）法律来源于整体的社群生活；

    （b）它必须符合一般性的利益，而不是个体性的利益；

    （c）它不应只是一个静态的知识体系，而应该是一个活生生的、不断成长的实体。

10. 另参见卢埃林，第 9.2.5 节。

8.3　马克思主义

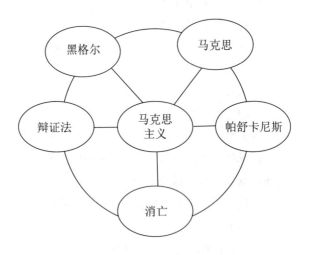

8.3.1　黑格尔

1. 格奥尔格·威廉·弗里德里希·黑格尔（1770—
   1831）属于后康德时期德国唯心主义哲学流派，他
   采取了本体论和目的论的哲学方法（其含义见第
   1.2 节的表格）。

2. 显然，从他的生卒年月日来看，黑格尔不是马克思
   主义者，但他对马克思思想的形成起到了关键性
   作用。

3. 虽然对黑格尔的著作有诸多不同的解读，但正是其
   著作中目的论层面的理论对马克思发展其历史唯物
   主义共产主义的信条影响甚巨，而且，在 20 世纪，
   黑格尔的思想继续为马克思主义和存在主义理论输
   送养料。

4. 马克思利用黑格尔主义的某些侧面来论证其观点，
   例如，黑格尔不认为亚当·斯密（Adam Smith）的
   普遍富裕（general plenty）理论具有扩散效应（用
   现代的话说，就是"涓滴效应"*），并支持以下
   观点：

88

---

　* 涓滴效应（"trickle-down" effect）又译作"渗漏效应""滴漏效应"
"滴入论""垂滴说"，也称作"涓滴理论"（又译作"利益均沾论""渗漏理
论""滴漏理论"），指在经济发展过程中并不给予贫困阶层、弱势群体或
贫困地区特别的优待，而是由优先发展起来的群体或地区通过消费、就业等
方面惠及贫困阶层或地区，带动其发展和富裕，或认为政府财政津贴可经过
大企业再陆续流入小企业和消费者之手，从而更好地促进经济增长的理
论。——译者注

(a) 废除个人所有制；

(b) 消除遗传优势；

(c) 生产资料社会化；

(d) 最重要的是黑格尔辩证法的方法论运用（辩证法见第 1.2 节表）。

8.3.2 马克思

1. 如上文所述，卡尔·马克思（1818—1883）的理论根植于激进的人本主义黑格尔式的辩证法，但受到社会学因素的影响。他认为，法律和政治结构及其实践是由经济条件的发展而产生的，这型构了其唯物史观，并影响了他后来的作品。

2. 他出生于一个中产阶级犹太家庭，1848 年革命时期，他在巴黎生活了一段时间，此后，他余生的大部分时间都在伦敦度过，在那里，他的健康状况不佳，生活贫困潦倒，在维多利亚社会的极端经历影响了他的思想。

3. 他推动哲学从理论走向实践，他说道，哲学的意义不再是解释世界，而是通过理解和运用历史学、社会学与经济学知识来改造世界。

4. 具体来说，他信奉历史唯物主义（historical materialism），现在理解为将马克思主义科学应用于历史发展中，他的基本主张是：不是人的意识决定人的存在，而是人的社会存在决定人的意识。

5. 辩证唯物主义（dialectic materialism）认为变化是因

为相互矛盾的观点并置而产生的，辩证法是命题
（proposition，theses）和反命题（counter-proposition，
antitheses）的交换，从而达到综合的目的，它是一
种从思想、情感和物质世界的不同视角理解现实的
方法。

6. 马克思划分了历史发展的若干阶段，其中比较重要
的阶段是封建主义、资本主义和社会主义，每一个
阶段都包含一个可能产生反面的，即对立面的论题
（thesis），他认为这最终将导向一个终极的社会主
义综合体，在这个综合体中，曾经的压迫机关将会
消亡，成就一个理想的无阶级社会。

7. 其他一些我们耳熟能详的名字，如弗里德里希·恩
格斯和列宁，通常都与马克思主义联系在一起，但
与马克思主义法律理论最相关的学者或许是帕舒卡
尼斯。

8.3.3　帕舒卡尼斯

1. 叶甫盖尼·布罗尼斯拉沃维奇·帕舒卡尼斯
（1891—1937）在 1917 年俄国革命后的十年间，从
包括皮奥特·斯图奇卡（Piotr Stuchka，1865—
1932）、尼古拉·克雷连科（Nikolai Krylenko，
1885—1938）和安德烈·维辛斯基（1883—1954）
在内的一大批学者中脱颖而出，成为或许是最有影
响力的马克思主义法哲学家，这主要是因为他在
1924 年出版了《法的一般理论与马克思主义》（*The*

General Theory of Law and Marxism) 一书。

2. 他批评了以前的理论，如斯图奇卡的理论，理由是他没有区分法律关系和其他社会关系。

3. 相反，他认为以商品交换为基础的等价物是做出区分的要素。

4. 马克思主义对法律的思考建立在由若干前提构成的两难困局上，即：

   (a) 必须设法取代沙皇（tsarist）的法律；

   (b) 这一点不可能在一夜之间实现；

   (c) 必须发展一种革命性的哲学，使法律与国家政策相适应，从而提供一种可行的司法制度；

   (d) 在这些范围内，需要考虑如何实现公正的问题。

5. 法律传统根深蒂固，这意味着必须防止法律修正主义（revisionism），事实上，20世纪困扰社会主义发展的其他形式的修正主义也必须加以防范。

6. 实际上，这意味着：

   (a) 限制或控制司法权，以不妨碍国家目标的推进；

   (b) 防范"恢复性倾向"（restorative tendency）*；

   (c) 起草可实现这些目标的限制性法律汇编；

   (d) 明确拒绝承认任何形式的绝对的法定资格（legal capacity）或任何不可剥夺的主观私权。

---

　　* 与上文修正主义形成呼应，大概是指要防范宣导渐进式改革，背离暴力式革命的修正主义倾向。——译者注

7. 在 1927 年出版的《马克思主义法学理论与社会主义建设》（*The Marxist Theory of Law and the Construction of Socialism*）一书中，帕舒卡尼斯：

   （a）哀叹苏联法律仍然受到类似于自然法教条主义的教条法律实证主义的影响；

   （b）对马克思主义法律的基础以及民事法律权利的社会经济目的提出了质疑；

   （c）反思了制定和实施恰当法律制度时遇到的一些实际困难，例如为受伤或失业者争取赔偿或福利。

8. 帕舒卡尼斯的初级目标是申明作为一种商品的社会分工，与公法和私法基本概念之间的联系，他相当成功地实现了此目标。

9. 但他的终极目标是"法律的消亡"，方式类似于其设想的国家机器整体将最终消亡一样，而不论是国家抑或是法律制度，这在现实中无论如何都不会实现。

第9章　形式主义、现实主义和实用主义

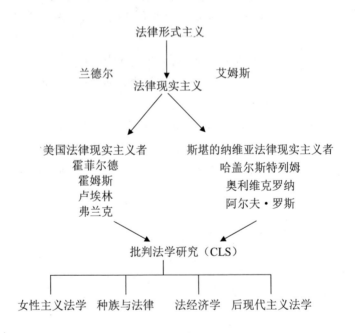

9.1　法律形式主义

9.1.1　兰德尔

1. 克里斯多夫·哥伦布·兰德尔（1826—1906）最初是一名实务律师，后来被任命为哈佛大学法学院第一任院长。

2. 他是第一本学生案例集《合同法判例选》（1870）的作者，其法律教学理论的主要宗旨是：

   （a）法律应被赋予与科学相同的方法和类似的地位（考虑到科学在 19 世纪的重要性），法律图书馆应成为法科学生的实验室；

   （b）无论是在概念上还是在原则的形式上，学习法律理论的目的是确定法律的基本组织结构；

   （b）案例教学法较单纯阅读大量案例或从讲座和课本中整理有关规则的笔记更有优势，但案例研究与苏格拉底问答式教学法相结合、严格运用，需要确保学生做好充足的心理准备；

   （d）法律原则源于对相关上诉审判例（appellate case law）的集中关注，这相当于在实验室研究科学试样。

9.1.2　艾姆斯

1. 詹姆斯·巴尔·艾姆斯（James Barr Ames，1846—1910）于 1895 年接替兰德尔担任哈佛法学院院长一职，并进一步发展了美国案例教学法，取代了先前的美国哥伦比亚大学德怀特教学法*，该法包括：

- 讲座；
- 背诵；
- 操演。

2. 该体系以学生在课堂上朗诵课文，然后进行记忆情况口试为补充。

3. 案例教学法自 1870 年于法学研究中引入，到现在已经扩展到其他一些领域，如商业和医学领域：

(a) 它包括阅读（法律）原始（案例）材料并从中提取结论；

(b) 通过这种方法，学生能够掌握法律原则与教义（doctrines），重要的一点是，学生要想从事法律实践，就必须去学习诊问、决策和判断，以使自己能够采取相应的实际行动。

4. 尽管其他研究方法（现实主义和社会学）大约在同一时间或之后不久就开始盛行，但法律形式主义仍是 19 世纪末 20 世纪初一种重要的、也许是占主导地位的法律研究方法。

---

* 德怀特教学法（Dwight method）是以美国哥伦比亚大学教授德怀特命名的。它是一种"讲授、背诵材料和练习相混合的方法"。在该教学法指导下，学生在上课前必须对专题论著进行阅读、背诵，其考试就是靠背诵的记忆力。这样的教学方法使得学生处于一种被动的状态，无法调动学生的积极性，培养出来的学生也无法胜任处理复杂的案件，就此可参见 Thomas Fenton Taylor, "The 'Dwight Method'", *Harvard Law Review*, Vol. 7, No. 4（Nov. 25, 1893）, pp. 203-212.——译者注

5. 形式主义方法是一种归纳式的经验主义方法论，它强调透过对原始资料的详细研究来学习知识和理解，从而培养出以实践的方式应用这些知识的能力；在当代，其仍然是美国研习法律的主流方法。

6. 现代社会涌现了一批疑难和相互矛盾的案件，这似乎会让人质疑兰德尔理论的某些方面，但即便如此，其核心的方法论仍旧是不变的，而且目前的看法并不是说相互矛盾的判决（decisions）是错误的，而是需要更加有针对性的分析。

9.2　法律现实主义

9.2.1　现实主义的基本观点

1. 法律现实主义中吸收了一些实用主义的思想，对以前的一些信念，特别是对美国普通法的信念，提出了挑战，包括普通人能够在管辖他们的诸法律间进行选择。

2. 法律现实主义者希望取代美国现有的法律理论体系（第 9.1 节法律形式主义）与机械法学（mechanical jurisprudence），其主旨是以牺牲工人和消费者的利益为代价赋予商业公司权力。

3. 为了扫清障碍和推进现实主义，有几件事情需要解决：

（a）消除从自然法理论中产生的糊涂观念［例如，"生命权或自由权"（right to life or liberty），在

94

国家更紧迫的利益受到威胁的时候，就会被国家轻易地牺牲掉，如恐怖主义或战争威胁]；

(b) 明确区分法律与道德（在研究法律问题时，所追求的是可能的结果，而不是结果的是与非）；

(c) 理解法律与逻辑的关系［霍姆斯在《普通法》（*The Common Law*, 1881）中说，法律的生命不在于逻辑，而在于当下的道德、政治与公共政策］。

4. 法律现实主义包含一些特征：

(a) 法律语言必须清晰明确；

(b) 社会改革具有必要性；

(c) 对规则的不信任；

(d) 关注法官的心理和思想动机；

(e) 关注司法程序的有效性和方法论；

(f) 认为法律是法院在事实上将做什么的预言，而不是自然主义者对原则和道德的关切，即法律现实主义是具有实践品质的预测性法学理论。

5. 因此，它涉及对有关法律性质的几个基本概念的采纳，即法律是：

(a) 不确定的，因为法律的后果是由法官的裁判作出的，而不是由制定法或先例的内容直接导出的；

(b) 跨学科的，因为现实主义者认为，法律实践需要吸纳其他的元素及学科，例如社会学（庞德，第8.2节）或心理学（弗兰克，第9.2.6

节）；

（c）工具性的，因为它应该被用作实现社会目的和
社会工程的手段。

9.2.2　与其他理论的关系

1. 法律现实主义涉及经验（empirical）过程而非概念
分析，它是对法律形式主义或机械法学的回应。

2. 所谓"经验"是指法律现实主义者试图描述法官实
际如何裁判，而不是试图构建一个说明法律可能如
何被解释的理论概念框架。

3. 这意味着法律现实主义将赋予法官比以往更重要的
造法权限，即裁判适用道德与政治标准而非既定的
法律规则。 95

4. 因此，法律现实主义顺理成章地否定了先前所持的
一些自然法和法律实证主义的信念。

5. 相对不确定性命题（local indeterminacy thesis）是指
这样的主张，即要作出上诉判决，但往往没有充足
的现行法律可资利用。

6. 自由裁量命题（the discretion thesis）允许法官在案
件裁判时进行造法，而作出这种判决所依赖的主要
是政治与道德观点，而非法律观点（但这整个过程
中会产生新的法律）。

7. 现实主义依赖而不违背法律实证主义，但其更强调
司法者的社会和心理态度。

9.2.3　霍菲尔德

1. 韦斯利·纽科姆·霍菲尔德（1879—1917）试图对
   基本法律概念进行剥离和界定，以便利用分析法学
   而非规范法学的方法切中肯綮地对其进行讨论和解
   释，他在《应用于司法推理的基本法律概念》
   （*Fundamental Legal Conceptions as Applied in Judicial
   Reasoning*，1919 年去世后出版）一书中对此进行了
   阐述。

2. 他的做法是，在权利和义务为同一枚硬币之两面的
   基本假设的基础之上，对基本法律关系（jural rela-
   tions）的概念加以扩展，并将其阐述为法律"相反
   关系"（jural opposites）和法律"相关关系"（jural
   correlatives）。

3. 法律"相反关系"是：

   （a）权利（right）——无权利（no-right）；

   （b）特权（privilege）——义务（duty）；

   （c）权力（power）——无权力（disability）；

   （d）豁免（immunity）——责任（liability）。

4. 如果以上所考虑因素之一适用于某人，那么他将不
   能同时处于相对立的无权力状态（disability）之下，
   此时将产生法律上的相反关系，例如：

   （a）如果 X 有权力（power）改变法律关系，那么
       他不能同时遭受任何妨碍他这样做的无权力状
       态（disability）；

　　（b）如果 Y 对 Z 有豁免权（immunity），那么其不　　96
　　　　能同时对 Z 在同一问题上负有责任（liabil-
　　　　ity）。

5. 法律"相关关系"是：

　　（a）权利（right）——义务（duty）；

　　（b）特权（privilege）——无权利（no-right）；

　　（c）权力（power）——责任（liability）；

　　（d）豁免（immunity）——无权力（disability）。

6. 法律"相关关系"必须是相互关联的，因此，如果
　　X 在特定情况下可以从豁免（immunity）中获益，
　　那么 Y 必须同时处于无权力的状态（disability）。

7. 霍菲尔德并不满足于将"权利"（right）一词仅作
　　为对 X 就 Y 的某物所主张的因"某物"而生的关
　　系所进行的概括性描述，而是将该词的含义细化为
　　四种严格的基本法律关系：

　　（a）权利（或请求），如房东有权请求租户支付
　　　　租金；

　　（b）特权，包括一个人从事或不从事某项行动的
　　　　自由；

　　（c）权力（不仅仅是一种特权），例如，一个人可
　　　　自由选择做一些能够改变他人法定权利和义务
　　　　的事情，例如可以处分他们的财产；

　　（d）豁免，即一个人没有法定权力去改变与另一个
　　　　人现有的法律关系。

8. 这种从前经常使用的松散的和不加区别的术语的多

重并列意味着：

(a) X和Y之间的所有关系都可以纳入法律框架，并被归类为权利、特权、权力或豁免，且每一种关系相对于另一种关系都有其显著的特性；

(b) 这些关系可以用图表和几何的方法来示明；

(c) 可以赋予法律关系更高程度的精确性（尽管在模式上仍不完美）。

9. 霍菲尔德的分析是及时的，它在20世纪初为发展中的人权理念提供了一套理论框架和严密的"计算公式"（calculus），在第二次世界大战之后，又对自然权利传统的存续与发展起到了巨大的推动作用。

10. 在他的影响下，现代权利传统已经发展成为一套全球、各区域和国家需要遵守的规范，或者被用作武器制裁那些不遵守所谓普适标准的人。

法律"相反关系"（jural opposites）	
权利（Right）	无权利（No-right）
特权（Privilege）	义务（Duty）
权力（Power）	无权力（Disability）
豁免（Immunity）	责任（Liability）

法律"相关关系"（jural correlatives）	
权利（Right）	义务（Duty）
特权（Privilege）	无权利（No-right）
权力（Power）	责任（Liability）
豁免（Immunity）	无权力（Disability）

9.2.4　霍姆斯

1. 奥利弗·温德尔·霍姆斯（1841—1935）在《普通法》（1881）一书中对美国法律现实主义或预测法学（predictive jurisprudence）进行了阐释，并在其刊载于《哈佛法律评论》（*Harvard Law Review*）的《法律之道》（"The Path of Law"，1897）一文中举例说明了"坏人命题"（"bad man" thesis），其中：

   （a）坏人对公理（不言自明的公认原则）或推论不屑一顾；

   （b）研究法律的目的是预测结果，以便向委托人提供咨询意见；

   （c）制定法（statutes）、判例报告和论文文献是实现这一目标的"神谕"（oracles）；

   （d）过程是通过对结果的"预言"实现的；

   （e）坏人理论是用来区分道德与法律的，坏人主要关心的是逃避罚款或监禁等处罚和惩罚，而不是担心自己行为可能产生的社会后果；

   （f）认为只有逻辑才能推动法律的发展是一种　98

　　　　谬论；

（g）以往历史在法律解释中发挥的重要作用亟待
　　　减少。

2. 霍姆斯强调（由于他在 1902—1932 年担任美国最
高法院法官，因此能够实际执行）：

（a）推动法律发展的往往是经验而不是逻辑；

（b）研究法院在特定案件中实际会做什么，才是法
　　　律的真正目的所在；

（c）在当代，法律的历史渊源对法律工作的帮助并
　　　不大。

3. 他反对人类对超验（superlative）的追求，这是信
仰自然法的根基，以此在法律与道德间做出明确的
区分。

4. 可以说，从最简单的角度来看，法律现实主义与法
律实用主义的信念和宗旨是不言而喻的，但对此也
有一些批评意见：

（a）预测与规则不是一回事；

（b）任何将道德从法律施行中剔除的倾向都是危险
　　　的，即使不是绝大多数人，也是许多人不能满
　　　意与接受的；

（c）对法律现实主义思想的严格贯彻，走到极端，
　　　或许意味着对更广泛真理探索的放弃，对法学
　　　一系列维度的抛却。

5. 与霍姆斯同时代的是约翰·奇普曼·格雷（1839—
1915），他坚称制定法是法律渊源，但法律本身是

由法院的实际裁决，即由法官所造之法构成的。

9.2.5　卢埃林

1. 卡尔·尼克森·卢埃林（1893—1962），于 1930 年
出版了《荆棘丛》（*The Bramble Bush*）一书，他虽
曾在耶鲁大学学习法律，但在将欧洲大陆具有影响
力的成果引入美国法律理论方面发挥了相当的
作用：

    （a）他在第一次世界大战中为德国人效忠，并赢得
    了铁十字勋章（Iron Cross）；

    （b）在取得教师资格后，他在哥伦比亚大学主攻美
    国法律现实主义，并做出了相当的贡献，其法
    律现实主义思想受到了德国"自由法"运动
    （German "free law" movement）的影响；

    （c）法律现实主义为法官根据其理论推理作出的法
    律裁判提供了事后（after the event）的合理化
    处理方式；

    （d）法律是"不确定的"，即在作出新的裁判时，
    现行法律无法为其提供辩护或解释；

    （e）在实践中，这意味着法官通常有自由裁量的权
    力或能力完成与先前判决的区分，或在此案中
    适用这些判决，但无论哪种情况，都要使用合
    法的论据和理由。

2. 卢埃林在某些方面也采取了"社会学"的方法来强
调社会力量对法官作出裁判的作用［这与弗兰克所代

99

表的"特质"倾向（"ldiosyncratic" tendency）相反］。

3. 他在 20 世纪 40 年代参与了《统一商法典》（Uniform Commercial Code）的起草工作，并在其中融入了一股"弥漫着的"对法官的信任论调，这种论调能够使法官作出他认为是依其常识而作出的裁决。

4. 受到霍姆斯与格雷观点的影响，卢埃林认为，法律是官员（即所有参与执行法律的人，特别是法官，但不完全是）在公民陷入争执时实际去做的事情：

   （a）这意味着，通过了解官员使用和适用规则的方式，并浸淫（immersing）在上诉法院的裁判风格和方法中，就有可能预测出大多数个案的结果；

   （b）这种方法比任何对教科书和原则的研究都更适当、更有效、更接近法律本质的核心。

9.2.6 弗兰克

1. 杰罗姆·弗兰克（1889—1957）对其他现实主义者持批评态度，他自己也准备在某些理论方面更进一步：

   （a）他的假设是，法律显而易见的目的是解决争端，但如果相信是法律规则决定了法官如何作出裁判，就无法做到这一点；

   （b）他自称是"事实怀疑论者"（fact-sceptic），而其他人只是"规则怀疑论者"（rule-sceptics）；

   （c）其他人对上诉法院有成见，而决定绝大多数案

件的其实是下级法院所发现的变化无常的　100
事实；

（d）因此，从根本上说，决定案件的是下级法官、
陪审团、当事人和证人的态度；

（e）只有在法官作出裁判后，法律才会在有关问题
或案件上生效。

2. 弗兰克对从心理学层面理解法律实践很感兴趣，他
认为从背景意义上了解人的境况及相应的成见与法
官特有的偏见对赢得案件至关重要。

3. 由此产生了几个假设或问题：

（a）法律是由法官创造的，而不是由法官对已立法
律的解释，这究竟有多大的真实性？

（b）法官往往从正在审理的待决案件的立场出发，
接着进行一种"先有后果再寻找法律证成这一
结论"的逆向作业（work backwards），这种做
法是否妥当？

（c）如果这种现实主义的观念是正确的，那么这是
否意味着对权利和义务的裁决是具有追溯性
的，从而产生了结果导向（result-oriented）的
法理学？

4. 这就产生了更多更具体的问题，即鉴于这种信念，
法律制度中以下因素是否可以拥有一席之地：

■ 理想；

■ 正义；

■ 道德；

■ 公平。

9.2.7　斯堪的纳维亚法律现实主义者

1. 斯堪的纳维亚现实主义者与美国法学家的立场不同，他们认为法律如何运作的关键是检验官员（officials）及其他受到法律管辖的主体进行法律论证时的心理反应。

2. 瑞典学者阿克塞尔·哈盖尔斯特列姆（1868—1939）是这种理论的开创者，他严肃批评了那些涉及道德内容的法律理论：

   （a）现代法律的基础是人们在前人信仰的魔法或神秘主义消退后仍然相信的东西；

   （b）那些主张权利的人散发着权力，而那些认为自己有义务的人则倾向于被征服。

3. 同为瑞典人的卡尔·奥利维克罗纳（1897—1980）依循哈盖尔斯特列姆的思路发展出了以下论点：

   （a）他否定了命令理论（command theory）及使用抽象概念来解释法律的做法；

   （b）来自制定法及诸正式法源中法律的实际规定并不重要，真正重要的是这些条文在人们心目中的影响；

   （c）法律是渗透到当前大众心理中思想所积累的重量，通过将当前的法律转化为命令，并记录在法律体系的正式文件当中；

   （d）任何不服从的冲动最终都会被克服，以达致心

灵的安宁（peace of mind），由此，有关行为的
规范也就建立起来了；

（e）有人批评他的观点是理论性的，依赖于语言的
运用，而非立基于对法律如何在日常和实践中
运作的实际调查。

4. 阿尔夫·罗斯（1899—1979）是丹麦斯堪的纳维亚
法律现实主义者（尽管他的名号是这样的），他的
作品试图去回应对以心理学方法理解法律的一些
批评：

（a）他提出了一种逻辑实证主义；

（b）这意味着，对法律的解释只有在能够客观验证
的情况下才有意义，因此，它们可以用来（如
实践中美国的法律现实主义）预测官员的
行为。

9.3　法律实用主义

1. 威廉·詹姆斯（1842—1910）和约翰·杜威
（1859—1952）的实用主义思想也为美国法律现实
主义提供了理论资源。

2. 实用主义是指：

（a）理论需要结合实践才有意义，即有用的才是最
有效的；

（b）学生需要以真实而有意义的形式学习法律；

（c）后果决定了需要研究和适用内容的实用性，即
理论需要具有可操作性。

3. 阐释实用主义的另一种方式是：

    （a）法律行为规范本身就足以证明法律的正当性；

    （b）这与自然法形成鲜明对比，自然法需要先验的理由来证成。

4. 这些理由能够成立的依据是：

    （a）自案件事实中归纳出的标准，能在之后对判例产生影响；

    （b）法律现实主义根植于围绕事实进行裁判而形成的司法判例；

    （c）从对法院和司法实践的研究中能够得出社会学结论。

第10章　德沃金

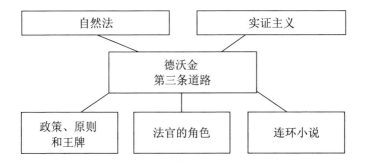

10.1　第三条道路

1. 基于先前对各种运动的讨论，我们有必要在此阐述下罗纳德·德沃金（生于1931年），特别是因为他在《法律帝国》（1986）中对哈特版本实证主义的回应，采取了一种有时被称为自然法和法律实证主义之间的第三条道路或立场。

2. 尽管德沃金确实认同当法官实际适用道德原则时，它们与法律是相关的，但他不接受自然法的观念，即需要普遍存在的道德规范去塑造法律，并期望法律与正义相类似。

3. 虽然他同意由法律规则来指导行为，但他拒绝法律实证主义的前提，这些前提限制了对法律是什么的判断，并要求法律和道德的完全分离。

4. 奥斯丁的制裁、凯尔森的规范和哈特的承认规则，对于理解什么可以被视为法律，都是实质性的，但也只是部分的进路。

5. 为了充分理解法律本质的性质，我们有必要超越哈特的规则，同时考虑政策和原则。

6. 规则与原则的不同：

   （a）规则要么适用于特定情况，要么不适用；

   （b）原则更为宽泛和灵活；

   （c）这些原则是使得我们即使在没有明显答案的不确定情况下，也能得出正确结论的工具。

7. 必须对相互冲突的原则进行权衡，以确定在特定情况下应该适用哪一原则。

8. 因此，即使儿子谋杀了自己的父母，依旧允许他从父母那里继承遗产的法律规则，不得不被防止罪犯从其罪行中获益这一压倒性的原则所否决。

9. 德沃金的作品可以被认为有三个阶段：

   （a）最初，他对哈特的论点进行了反驳，即法律包括一系列法官可以用来作出决定的规则，但忽略了诸如不以规则为基础的政策和原则等问题；

（b）通过创造了一个新的手段［即引入一个全知全能的赫拉克勒斯（Hercules）法官］来处理疑难案件，无论案件多么困难，或潜在的法律多么模糊，赫拉克勒斯都能够作出公正和正确的判决，借此他进一步批判了法律实证主义；

（c）在《法律帝国》和之后的著作中，建构性解释的概念得到发展，解释主义理论认为，法律的权利和义务是由共同体对政治实践的最佳解释来决定的，这包括两个方面：

  ■ 对法律文本的解读必须达到"符合"（fit）的标准；

  ■ 如果符合的解释不止一种，那最佳解释必须能够用于证立共同体的政治实践。

10.2　政策、原则和王牌

1. 如上所述，德沃金超越了早期的命令理念（奥斯丁）和后来的基于规则的实证主义理念（哈特），考虑到了原则和政策：

（a）原则是指旨在促进正义、公平、平等或道德等某些抽象品质的可观察的标准；

（b）政策是更具体的和特定的限于政治的、社会的或经济的目的的目标或标准。

2. 在解释这些区别时，应考虑到这些词的一般含义：

（a）政策更受限制、更直接、更世俗；

（b）相比之下，原则更高尚、更有道德意涵，包含 105

了有效的法律体系所需要追求的品质。

3. 以原则形式表现出来的权利永远是"王牌"
（trumps），当与政策冲突时，它比政策更重要，也
更具压倒性：

（a）尽管有时不得不牺牲政策，但通常不能牺牲
原则；

（b）强权利（strong rights）是不能被否定的；

（c）然而，基于事物的性质和对现实的认知来看，
如果一项政策确实代表了一个实质性的更大的
目标，则较弱的权利有时可能需要与政策等
同，但这必须是例外情况。

10.3　法官的角色

● 德沃金的一些法律哲学是建立在法官裁决案件的过
程之上的（因此这样就可以和美国现实主义者进行
比较）：

（a）法官应该通过将从他们所能找到的政治道德原
则中得到的最佳证成理由适用到疑难案件中，
来作出裁决；

（b）他设想的赫拉克勒斯法官，当面对疑难案件
时，有超越人类的感知力，以此来比较和对比
现实司法中的人性弱点（由此来纠正现实主义
法官的脆弱人性，他们的判决可能取决于早上
从床上哪一边起身，或者他们早餐吃了什么）；

（c）赫拉克勒斯在任何情况下都提出了无可辩驳的

论证来证明法律是什么，并且每一个法律问题
都只有一个正确的答案；

(d) 然而，现实的法官只能面对整个系统中有限的
一部分，他们对情况的了解非常有限，对他们
能够产生的影响的认知也不完整，而无所不知
的赫拉克勒斯则处理理论上的整体（theoretical
whole）。

10.4　连环小说

1. 德沃金用来证明自己想法的一个例子是一部理论上
的、象征着普通法的连续性发展的连环小说，它可
以用来说明普通法如何逐渐发展的过程，随着时间
的推移，许多作者（法官）在情节中增添章节（在
普通法先例的约束下）：

(a) 一群小说家被雇佣来撰写一部小说（例如合同
法，或者更具体的，关于对价或缔约能力的法
律）；

(b) 他们抽取带有编号的标签，编号最小的人撰写
第 1 章；

(c) 2 号必须通过解释第 1 章来撰写第 2 章，目的
是产生可能的最佳结果；

(d) 所有后续的作家都必须对正在进行的作品进行
扩展和指明方向，并且所有人都有能力或多或
少地影响小说（法律）的总体方向；

(e) 他们不能或不被允许写一系列的短篇小说，因

106

为这将否定司法先例所涉及的发展原则，并妨碍法院层级制度的适当运作；

(f) 相反，他们必须努力形成一个融贯的整体，通过延续从过去到当下案件的流畅性，为将来提供一个有效的先例。

2. 转化到法律体系中，这意味着具有自然法倾向的法官可能无法作出自己理想的决定，因为他受到先例的约束，法律体系会受到以下几个条件的影响：

(a) 德沃金区分了内在怀疑主义和外在怀疑主义：

■ 前者并不挑战这样一个观点，即在原则中可以为一种解释而非另一种解释找到好的论证；

■ 后者并不否认，对法律记录的一种解释可以被客观地定性为正确的解释。

(b) 但是，他拒绝接受这样一种观点，即外在怀疑主义证成了道德与法律理论无关，因此他让自然主义的大门在既定的法律体系中部分地敞开。

(c) 于是当案件提交给法庭时，必须认识到结论永不确定，因为诉讼当事人的权利超越了狭窄和普遍接受的边界，尽管在某种程度上受到对政治秩序的共同标准的适当解释的限制。

(d) 这将导致令人惊讶的结果、失望以及绝望，有时甚至是不正义，但根据德沃金的说法，这比可能要适用的替代性选择要好。

第11章 批判法学研究

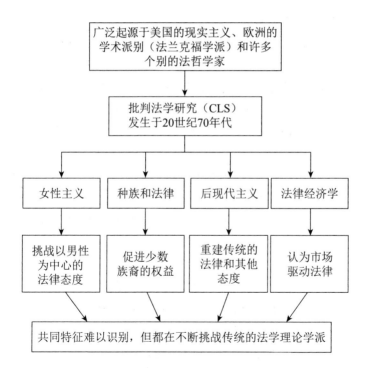

广泛起源于美国的现实主义、欧洲的学术派别（法兰克福学派）和许多个别的法哲学家

批判法学研究（CLS）
发生于20世纪70年代

| 女性主义 | 种族和法律 | 后现代主义 | 法律经济学 |

挑战以男性为中心的法律态度

促进少数族裔的权益

重建传统的法律和其他态度

认为市场驱动法律

共同特征难以识别，但都在不断挑战传统的法学理论学派

11.1 范 畴

1. 在宽泛的语境下，批判法学研究或理论可以追溯到自然法的起源，那时许多代学者已经试图挑战前辈们的智慧。

2. 在狭义和更常见的现代意义上，批判法学研究脱胎于现实主义根基，发展为一种对英美法系（主要是美国）既有态度的批判，它将不确定性命题扩展到了其他领域。

3. 这场现代运动起源于 20 世纪 60 年代，但直到 70 年代末才得到正式的承认。

4. 受马克思和恩格斯、韦伯和马尔库塞（Marcuse）、葛兰西（Gramsci）、福柯（Foucault）和德里达（Derrida）等早期欧洲学者的影响，该研究的重点是：

   （a）展示法律证成和强化了那些在社会中行使权力的人；

   （b）对不正义的性质和程度的考量，首先是它们是如何设法合法化的，以及一旦这种情形发生，情况可能如何得到纠正；

   （c）强调法律和法律体系所服务的政治目的；

   （d）利用其他社会科学理论（如经济学和政治哲学）来强化其主张。

5. 法律现实主义也形成了新近法学理论的主题或影响了它们，例如：

■ 女权主义（第 11.2 节）；

■ 批判种族理论（第 11.3 节）；

■ 受文学理论影响的后现代主义（第 11.4 节）；

■ 法律经济学的一些方面（第 12.6 节）。

6. 它可能：

(a) 以其他描述所提及，例如"边缘法学流派"
（outsider jurisprudence）；

(b) 即使在同一主题领域内，以学者之间的差异性
而非相似性或一致性来刻画特征更好；

(c) 包括现代化的其他一些因素，例如全球化和关
于我们所生活的当前或新的世界秩序的问题。

7. 在广泛的批判法学研究领域中，形形色色的作者的
例子有：

■ 罗伯特·戈登；

■ 莫顿·霍维茨；

■ 邓肯·肯尼迪；

■ 凯瑟琳·麦金农；

■ 罗伯托·曼格贝拉·昂格尔。

8. 第 12 章当代理论中提及的一些问题可能已经包括
在本章之中，反之亦然。

11.2　女性主义

1. 当代形式的女性主义指的是相对现代阶段的女性主
义政治运动，有时用浪潮（wave）来描述［这也许
反映了卡雷尔·瓦萨克（Karel Vasek）的"自由、

平等和博爱"的三代人权观点],其序列包括和涵盖了:

(a) 19 世纪末开始的第一波浪潮要求普遍的选举权;

(b) 要求教育、工作和婚姻关系平等的第二波浪潮;

(c) 第三波浪潮则涉及其他领域,包括种族、族裔、阶级、国籍、政治和宗教。

2. 然而,这是一个有限的政治观点,因为纵观历史,女性曾在不同的背景下主张,并且在某些情况下已经能够获得和实践平等或优越性 [如玛丽·沃斯通克拉夫特(Mary Wollstonecraft)的《女权辩护》(*Vindication of the Rights of Women*,1792)]。

3. 它可能被描述为一个法学理论的研究进路,以女性的立场为出发点和目标,在这种情况下,它与偏向男性中心主义的观点的现存偏见之间存在张力,而可能会有一个跨学科研究进路的倾向。

4. 女性解放运动是一项广泛的自由主义运动,承诺并倡导增加女性自由,因此它与更广泛的权利运动相联系。

5. 可以在描述性事实或规范性主张进路之间做进一步的分类,一个"是"和"应当"(第 1.1.4 节)的例子:女性在各方面处于不利地位(例如尽管立法规定同工同酬,她们却得不到同样的酬劳),但她们不应当受到歧视。

6. 对于什么构成了不平等及其原因，女性主义内部有各种不同的观点；有时一个特定的问题会被提出，即对法律、道德和正义的现有解释是否足够，或者是否需要一个专门修订的女性主义的议程。

7. 由于问题的复杂性和不同类型的不正义，很难对这一现象进行分类，这一困难导致了有些情况下会使用其他术语，包括"妇女主义"（womanism）和"交叉性"（intersectionality）。

8. "妇女主义"一词早在 19 世纪 60 年代就已开始使用，"交叉性"涉及明显的歧视组合所产生的问题，例如出于不止一个原因对妇女使用暴力，比如说作为恐吓和作为一种政治武器。

9. 男女不平等并没有一个普遍的原因，产生因素因社会而异，例如基于教育、总体经济或具体工作原因、宗教、性客体化（sexual objectification）和许多其他原因。

10. 从对这些因素的考量可以看出，对于"女性主义"并没有一个统一的定义，但是这个主题有很多不同的种类和进路，所以当清晰地考虑这个话题的时候，要注意界定讨论的范畴和程度。

11.3　种族和法律

1. 批判种族理论的基本命题是，少数族裔一直处于不利地位，即使废除了奴隶制，颁布了更近期的反歧视法律，法律上的不利地位及其实际的连锁效应和后果仍然存在。

2. 讨论大多起源于和发生在美国，尽管这些问题与包括英国在内的大多数司法管辖区都是相关的。

3. 下面是各种问题的例子，这些问题构成了解决种族和法律命题下的议题的框架：

   （a）法律体系（实质性上和工具性上）在多大程度上反映和服务于控制国家机器的人（即当权派或其他统治集团）的利益，而牺牲相对被剥夺权利的少数族裔？

   （b）特定法律手段或活动（制定法、选择司法制度的方式、警察的方法等）在多大程度上真正考虑到少数族裔的情况和需要（例如"停止和搜查"政策)？

   （c）对各民族（土著人、毛利人、北美土著等）犯下的历史错误在多大程度上是当代的责任（关于赔偿的辩论)？

   （d）我们如何判断现行的国内法律制度是否公平地处理了种族问题？基于仍有大量不正义的现状，我们应该做些什么？

11.4　后现代主义

1. 这是一个复杂而难以确定的问题，因为它具有广泛的含义，跨越了文化、历史、艺术、文学、哲学、法律等领域的边界。

2. 这里更为直接的相关考虑是：

- 历史；
- 哲学；
- 法律。

3. 后现代主义在历史上的特点包括：

- 一项对进步（progress）缺乏信心的运动；
- 对政治失败的失望。

4. 在哲学中，它包含对以下问题的怀疑论：

（a）对知识的性质和范围获得理解的确定性；

（b）语言是如何被用来建构而非反映现实的。

5. 对于法律而言，需要考虑的因素有：

（a）不存在可以作为一个包罗万象的理论架构的依据的自然法；

（b）也不可能有任何接近完美的法律确立的制度，例如通过制定宪法或权利制度；

（c）因此不可能有一个或唯一的解释法律的正确方式。

6. 最接近理想的方案是在一个不断变化和发展的背景下，在法律、规则和原则之间取得平衡。

第12章 当代理论

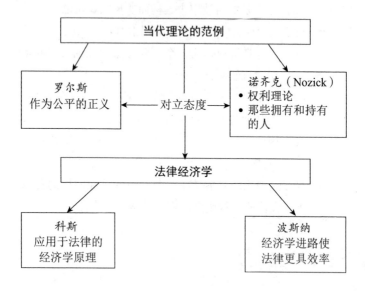

12.1　罗尔斯的作为公平的正义

1. 约翰·罗尔斯（1921—2002）：

    (a) 1958 年他在《哲学评论》（*Philosophical Review*）上发表了一篇名为《作为公平的正义》（"Justice as Fairness"）的论文，确立了他的思想；

    (b) 在后续的一系列论文和文章中他发展了这些思想；

    (c) 他在《正义论》（*A Theory of Justice*，1971 年出版，1999 年修订）一书中将它们整合在一起；

    (d) 在《政治自由主义》（*Political Liberalism*，1993）中重申了这些思想。

2. 修订版《正义论》的结构在第一部分处理的是理论，第二部分是制度，第三部分是正义的目的。

3. 他的核心目标和思想，作为流行于盎格鲁－撒克逊法律传统的功利主义（第 6 章）的替代者，形成了宪政民主的基础，因为基于种种原因，最大的善不一定总能产生预期的效果：

    (a) 当群体 A 幸福感增加导致群体 B 幸福感下降时，不公平就产生了；

    (b) 采取自然法进路的法哲学应该能够产生克服那种不平等的理论。

4. 作为公平的正义是一种理论上的社会契约论和自由主义的进路，它依赖于"公平的机会平等原则"

(fair equality of opportunity）和"差别原则"（difference principle）两个原则：

(a) 机会平等是指，每个人对与其他人所拥有的类似自由体系相容的最广泛的平等的基本自由体系都有一种平等的权利；

(b) 差别原则指出，社会和经济的不平等应这样安排，以使它们：

■ 在与正义的储存原则（just savings principle）一致的情况下，符合于最不利者的最大利益，并且

■ 在公平的机会平等的条件下，依系于职务和地位向所有人开放。

12.2 优先性规则和分配

1. 有必要将罗尔斯的第一个原则和第二个原则与他的两个优先性规则相结合，即自由优先性（The Priority of Liberty）与正义优先于效率和福利（The Priority of Justice over Efficiency and Welfare）。

2. 在第一优先性规则下，正义原则是按词典式次序排列的（即我们必须先满足第一个原则，然后才能转向第二个和第三个原则，等等），因此：

(a) 只有在结果是增加每个人的自由时，才能减少自由；

(b) 仅当拥有较少自由的人准备接受减少平等的自由时，平等的自由才得以减少。

3. 根据第二优先性规则：

（a）正义原则优先于效率原则；

（b）公平机会优先于差别原则；

（c）仅当机会的不平等增加了机会较少的人的机会时，机会的不平等才得以允许；

（d）总体上高出的储存率（saving rates）[*] 必须与那些不得不承受这些困难的人的负担相平衡。

4. 所有社会基本益品（social primary goods）的分配必须是平等的，除非不平等的分配能够使得最贫困者获得利益。

5. 他的词典式分配概念意味着，即使一种分配制度比另一种分配制度在经济上更有效率，但如果它会对某些潜在的接受者造成不正义，那它就不能得到利用。

12.3　原初状态

1. 罗尔斯提出了一种"原初状态"（original position），在这种状态下会存在一种"无知之幕"（veil of ignorance），在这种理想的理论体系下，正义原则是由有道德和理性的人从零开始制定的，他们会考虑到这些东西，即他们：

（a）不知道在新秩序下他们是谁（例如，他们的年

---

　　[*] 此处涉及罗尔斯的"储存原则"，意指：当人们贫穷而储存有困难的时候，应当要求一种较低的储存比率；而在一个较富裕的社会，则可以合理地期待较多的储存，因为此时实际的负担其实是较小的。——译者注

龄、性别、体力）；

(b) 不知道自己将充当什么角色（例如，社会或经济地位）；

(c) 在作出决定时不会受到个人动机的影响（是否自私或代表某一特定利益）；

(d) 将从内心为社会的普遍利益而行动，并铭记上述所有考虑；

(e) 将在永久规则下运作，以避免不公平的优势后来积累到一个群体而损害另一个群体；

(f) 在任何时候，出于同样的理由，对群体的所有成员都适用同样的规则。

2. 罗尔斯认为，无论结果如何，一个社会制度都应该被谨慎地设计和选择，以确保分配正义能够公平地运作，并且这需要一部公正的宪法来确保：

(a) 享有平等公民权的自由；

(b) 公平的机会平等；

(c) 人们愿意公正行事，但不放弃其正当利益；

(d) 四个政府部门，以便处理：

■ 配给；

■ 稳定；

■ 转让；

■ 分配。

12.4 运作原则

1. 也许有些令人惊讶的是，运作制度的人们不需要是利他的，为了共同善而牺牲自己，因为在罗尔斯的方案中，他们不得不基于他们可能最终处于不利地位而作出慎重的决定，因此确保为每个人提供总体上公平的条款符合他们（以及其他所有人）的利益：

(a) 这就是原初状态与无知之幕相关联的方式；

(b) 不管人们是否真的自私，正义的环境都会带来相互冲突的个人诉求。

2. 因此罗尔斯提出了三个重要的观点，包括：

(a) 差别原则；

(b) 原初状态；

(c) 自由优先。

3. 最初状况（*status quo*）的论点（即为了提供激励，不平等是必要的）会被驳倒，除非存在的不平等的程度实际上设法增加了因不平等而处于不利地位的群体的福利，也即最贫困的人，而不是功利主义的平均水平。

4. 其目的是在追求正义和益品分配的公平时，限制对个人利益的追逐，这是"己所不欲，勿施于人"（do as you would be done by）这条黄金法则的特定适用。

12.5　诺齐克的权利理论

1. 罗伯特·诺齐克（1938—2002）对罗尔斯持批评态度，因为罗尔斯的哲学建立在诺齐克所认为的错误的假设之上，尤其是：

(a) 人们希望并应该为每个人的益品而行动，个人资产应该为社会的利益而服务；

(b) 对益品的再分配方式（从富人那里转移给穷人）是合理和正确的；

(c) 政府有权干预和控制个人的生命，以实现其政治目标；

116

(d) 罗尔斯的立场是"目的状态"（end-state）的立场，而更好的进路是采取"历史的"立场，即人们以前获得财产没有涉及正义或公平的原则；

(e) 罗尔斯的思想观念需要一种模式或计划以在社会中提供正义，而它并不存在，也不可能存在。

2. 相反，诺齐克提出了一种权利（entitlements）理论，即人们可以在不平等的基础上拥有和持有财产，只要一开始是合法获得的。

3. 永远不可能把所有的东西都集中起来，实现普遍的平等状态，以便进行资产再分配，也就是说，不可能有一个集中的益品分配者。

4. 诺齐克反而认为需要三条正义原则：

(a) 获取的正义，即以前不属于任何人的东西如何能由个人获取；

(b) 转让的正义，即财产的所有和占有随后如何由A转让给B；

(c) 矫正的正义，即如何妥善纠正因未能公平适用前两项原则而导致的不正义。

5. 在一个人应该如何获取、拥有和转让财产的问题
  上，约翰·洛克（第 3.1.3 节）曾发表过观点，他
  也对人们制造的和之前不属于任何人的东西的所有
  权感兴趣，假定这样做都是公正的。

6. 在诺齐克看来，无论现在的所有权多么不平等，只
  要获取和转让是按照他的前两条规则进行的，权利
  理论就允许它保持不变。

7. 总的来说，是这样一种的政治观点：

  （a）关注的是正义，而不是罗尔斯的再分配版本；

  （b）尽量减少国家在个人生活中的作用；

  （c）淡化法律手段的需求和使用，例如征税、强制
    购买、提供福利以及其他强制性和补偿性的手
    段和方法；

  （d）主张如果为公共目的强制取得私人的财产，或
    用征税来使一群人富裕而牺牲另一群人，就不
    能避免不公平，这可被视为等同于强迫劳动。

8. 诺齐克的观点可以基于以下几个理由进行批评：　117

  （a）他从个人动机得出普遍结论，而没有充分考虑
    可能的普遍影响；

  （b）他太容易地得出了主张自由和不受强制的绝对
    权利的观点，但对共同体却仅有最低限度的
    保障；

  （c）许多人承认，对某些人有利的好处有时可能会
    被另一些人付出的代价所抵消，然而他的观点

与此相反;

(d) 关于权利的性质,并不存在如他所设想的那样明确的一致意见。

12.6 法律经济学

12.6.1 起源的多样性

1. 自由主义进路的法理学可以产生完全不同的理论,法哲学家们认为,正义和其他可欲的法律目标可以通过遵循不同的路径来实现。

2. 法律经济学,是更具影响力的现代运动之一,它起源于一些法律经济学家(或精通经济学的法律人)的著作,其中一些主要是:

   ■ 亚当·斯密(1723—1790);

   ■ 杰里米·边沁(1748—1832);

   ■ 马克斯·韦伯(1864—1920);

   ■ 弗里德里希·奥古斯特·冯·哈耶克(Friedrich August von Hayek,1899—1992);

   ■ 罗纳德·科斯(Ronald Coase,1910—2013);

   ■ 布鲁诺·莱奥尼(Bruno Leoni,1913—1967);

   ■ 理查德·波斯纳(1939—)。

3. 近几十年来,法律经济学的主要据点之一是芝加哥大学法学院,科斯和波斯纳在那里都产生了相当大的影响力。

4. 科斯是《法律经济学杂志》(*The Journal of Law and Economics*) 的编辑，之前就因以多种方式将经济学原理应用于法律的运作而出名，他解释了：

   (a) 法律制度在确定交易成本方面发挥着重要作用；

   (b) 这反过来又影响到经济资源的分配；

   (c) 管制体系可以鼓励或压制财产权利；

   (d) 交易成本说明了为什么公司和企业是这样组织的。

5. 总而言之，他认为自己的主要成就是鼓励经济学家和法律人撰写有关市场运作方式，以及政府如何进行监管和经济活动的文章。

6. 他获得了诺贝尔奖，他的科斯定理指出，清晰地分配财产权利将使市场减少污染，这是 20 世纪 80 年代放松管制政策的一个重要组成部分。

7. 莱奥尼阐发了普通法自发的历史发展是如何被立法所取代的，这一过程易于导致个人自由的丧失。

12.6.2 波斯纳

1. 法律的经济分析是借鉴微观经济学的方法论，来分析法律规则和法律制度的法学流派。

2. 理查德·波斯纳从几个方面解释了学习法律经济学的重要性和意义：

   (a) 最重要的是，这是解释法律体系实际如何运作和应该如何运作的最有效方法；

118

(b) 效率意味着将社会的支付意愿最大化；

(c) 哲学上的借鉴来自不同的法律背景，从而确保了普通法与民事司法（civil jurisdictional）的贡献和国际维度，这些可以从作者们的起源看出：

■ 英国（斯密、边沁、科斯，尽管科斯大部分时间在美国工作）；

■ 美国（波斯纳）；

■ 奥地利（哈耶克）；

■ 意大利（莱奥尼）。

(d) 它鼓励对法律研究采取比较主义的态度，使英美对抗制度能够与欧洲大陆的民事纠问制方法进行比较；

(e) 它为研究自由主义全球化世界中至关重要的课题提供了一个现实的论坛，例如：

■ 税收和反托拉斯（反垄断）法；

■ 证券监管；

■ 国际贸易。

(f) 经济学活动的其他领域近年来已扩展到：

■ 侵权；

■ 合同；

■ 家庭法；

■ 知识产权法；

■ （国际）刑法和其他许多法律。

3. 波斯纳还被里根总统任命为美国第七巡回上诉法院

的法官，这使得他能够以一种肯定（assertive）的方式，将法律经济学原理作为一种司法管理工具应用于司法实践中。

4. 或许应该提及的是，许多关于法律经济学的文献都是极其技术性和公式化的，波斯纳能够将经济学的方法应用到法律上，使之适用于广泛而不同的主题，例如：

（a）法律的（一般）经济分析；

（b）侵权法的经济结构；

（c）合同解释的法律经济学；

（d）对法律中引证（citations）的使用进行经济分析；

（e）知识产权法的经济结构。

12.6.3 实践运作

1. 理解法律的经济分析的最好方式可能是将其应用于特定的主题领域，例如侵权法，矫正一个公民或机构对另一个公民或机构所犯民事不法行为的法律，此类不法行为的例子有：

■ 过失；

■ 非法侵入；

■ 诽谤；

■ 损害等。

2. 矫正不法行为的实现方式可以根据不同的原则，例如：

（a）对所造成损害的赔偿；

(b) 裁定更适当的（或公平的）补救办法，如防止伤害再次发生的禁制令；

120

(c) 过错，作为证明法院裁决的救济是正当的理由；

(d) 报应正义形式的惩罚；

(e) 威慑；

(f) 经济效率，有时被称为"市场威慑"（market deterrence）；

(g) 损失分配，或以社会可接受的方式分摊损失的过程；

(h) 保险。

3. 如果主要从经济学的角度来考虑侵权行为的处理依据，那么主要的选择是在后三者之间。

4. 法律可以通过强制产品制造商承担缺陷产品造成的损害的代价来运作，在这种情况下，后果包括：

(a) 将代价转嫁给消费者；

(b) 通过最大化安全来最小化风险，同时努力实现市场上最具竞争力的价格；

(c) 因此，"市场威慑"是通过减少社会本来就可能遭受的整体损害来实现的。

5. 另一种情况是，侵权法的运作可以而且常常是基于个人在遭受损失时必须提出自己的索赔，这意味着：

(a) 在每一个案件中，他都必须证明他的索赔符合侵权法的要求；

  （b）缺乏资金、知识或充足证据可能导致无法得到救济；

  （c）在其他情况下，法律可能责成第三方承担损失，例如：

   ■ 替代责任；

   ■ 严格责任；

   ■ 机动车第三者责任强制保险。

6. 以这些方式进行"损失分配"可能会产生问题，例如：

 （a）过错可能被忽略；

 （b）损失可能被归咎于其他人；

 （c）当风险较高的人补贴或赔偿风险较低的人时，就会产生不正义。

7. 因此，法律的经济分析就是对这些选择和可能性进行理论化的过程，而且波斯纳会说这就是法律在现实中运作的方式，这是正确的而且就应该这样做。

索 引

(页码为本书边码)

译后记

　　正如在导读中所指出的那样，法理学的教学和学习一直是件令人头疼的事情。在外人看来，从事法理学的研究也是相当枯燥乏味的，事实上学界只有很少一部分人愿意投身于这个领域。不管我们听到什么嘲讽声、质疑声，这门学科仍然是无比重要的。

　　雷磊教授策划的"法哲学与法理论口袋书系列"教材，旨在以一种简明、易懂的方式，为对法理学和法哲学感兴趣的读者提供一个阅读指南。考虑到行文风格、篇幅大小以及内容深度，译者最后在众多备选书单中选择了英国学者彼得·霍尔斯特德的这本《法理学简读》，该书以讲义的方式勾勒出法理学的基本框架，让我们很快就能对法理论的发展获得宏观的把握。本书在英美市场上颇受欢迎，已出版了第二版，并反复印刷多次。

　　很显然，这并不是一本研究性书籍。如果您恰好是一位从事法哲学或法理论的研究者，翻阅本书恐怕多少会让您有所失望。因为，书中所提供的只是一个知识框架和要点，对于很多观点并无细致、深入的展开，而有待读者根据自己的兴趣阅读原始文献来追踪更多理论思想。故而，本书是为对法理学有兴趣的学生所准备的初阶阅读指南，当然也可以作为本科或研究生阶段法理学的授课教材。

霍尔斯特德以其三十多年的教学经验，挑选了法律思想中的一些重要主题，以法学流派和思想人物交错的方式勾勒出本书的轮廓。贯穿于全书的一个基本问题是法律的概念/性质问题，即法律是什么。在司法实践中，对于这一问题所持有的不同立场，势必会影响人们在面对法律问题时所作出的判断。把握住这样一条主线，理解起来难度就会小很多。

本书在翻译过程中得到了王威智、王重尧、成亮、孙嘉奇、肖毅同学的宝贵帮助，帮我解决了翻译中的一些难点，并指出了其中可能的错误，在此向他们表示感谢，当然一切错误皆由我本人承担。

如果您碰巧想粗略地了解一下法理学或法哲学的核心思想观点，不妨翻开这本书看看，相信它会为您带来不一样的阅读感受。

孙海波

贰零贰叁年初冬

于北京京郊昌平寓所

图书在版编目（ＣＩＰ）数据

法理学简读/（英）彼得·霍尔斯特德著；孙海波译. —北京：
中国政法大学出版社，2023.10
书名原文：Key Facts:Jurisprudence
ISBN 978-7-5764-0839-3

Ⅰ.①法… Ⅱ.①彼… ②孙… Ⅲ.①法理学 Ⅳ.①D90

中国国家版本馆CIP数据核字(2023)第091448号

出 版 者　　中国政法大学出版社

地　　址　　北京市海淀区西土城路 25 号

邮寄地址　　北京 100088 信箱 8034 分箱　邮编 100088

网　　址　　http://www.cuplpress.com (网络实名：中国政法大学出版社)

电　　话　　010-58908289(编辑部) 58908334(邮购部)

承　　印　　北京中科印刷有限公司

开　　本　　850mm×1168mm　1/32

印　　张　　7.5

字　　数　　155 千字

版　　次　　2023 年 10 月第 1 版

印　　次　　2023 年 10 月第 1 次印刷

定　　价　　40.00 元